PAPA
FRANCISCO

PAPA FRANCISCO
A ESPERANÇA NUNCA DECEPCIONA

Organização
Hérnan Reyes Alcaide

Tradução
Laura Vecchioli do Prado

 Planeta

Copyright © Mondadori Libri S.p.A., 2024
Publicado por mediação de Ute Körner Literary Agent (www.uklitag.com).
O texto deste livro foi escrito originalmente em espanhol, traduzido e publicado pela primeira vez em italiano sob o título *La Speranza Non Delude Mai* pela Mondadori Libri, no selo Plemme.
Copyright © Editora Planeta do Brasil, 2025
Copyright da tradução brasileira © Laura Vecchioli do Prado, 2025
Todos os direitos reservados.
Título original: *La Speranza Non Delude Mai*

PREPARAÇÃO: Fernanda Guerriero Antunes
REVISÃO: Ana Maria Fiorini
PROJETO GRÁFICO E DIAGRAMAÇÃO: Nine Editorial
CAPA: Rafael Brum
IMAGEM DE CAPA: Thierry Monasse/Getty Images

DADOS INTERNACIONAIS DE CATALOGAÇÃO NA PUBLICAÇÃO (CIP)
ANGÉLICA ILACQUA CRB-8/7057

Francisco, Papa, 1936-2025
A esperança nunca decepciona / Papa Francisco ; organização de Hérnan Reyes Alcaide ; tradução de Laura Vecchioli do Prado. – São Paulo : Planeta do Brasil, 2025.
224 p.

ISBN 978-85-422-3401-5
Título original: La Speranza Non Delude Mai

1. Literatura cristã 2. Esperança I. Título II. Alcaide, Hérnan Reyes III. Prado, Laura Vecchioli do

25-1445 CDD B869

Índice para catálogo sistemático:
1. Literatura cristã

Ao escolher este livro, você está apoiando o manejo responsável das florestas do mundo e outras fontes controladas

2025
Todos os direitos desta edição reservados à
EDITORA PLANETA DO BRASIL LTDA.
Rua Bela Cintra, 986, 4º andar – Consolação
São Paulo, SP – CEP 01415-002
www.planetadelivros.com.br
faleconosco@editoraplaneta.com.br

Franciscus

SUMÁRIO

Abreviações **9**
Prólogo – A esperança nunca decepciona **13**
Introdução – Os rostos da esperança **25**
1 – O rosto de uma mulher grávida **43**
2 – O rosto de um pobre **75**
3 – O rosto de um migrante **107**
4 – O rosto de um civil durante a guerra **139**
5 – O rosto esperançoso de um avô com seu neto **167**
6 – A esperança sempre tem um rosto humano **195**
Nota do organizador **221**

ABREVIAÇÕES

Estão listadas a seguir as siglas e referências completas a documentos do Papa Francisco, de outros pontífices e da Igreja Católica que aparecem com recorrência no texto.

Os textos bíblicos são citados na íntegra, segundo a tradução da Conferência Episcopal Italiana (2008).

AL   Francisco, exortação apostólica pós-sinodal *Amoris laetitia*, 19 de março de 2016.
CIC   *Catecismo da Igreja Católica*, 1992.
CDS   Pontifício Conselho "Justiça e Paz", *Compêndio da doutrina social da Igreja*, 2 de abril de 2004.
CV   Francisco, exortação apostólica pós-sinodal *Christus vivit*, 25 de março de 2019.
DI   Dicastério para a doutrina da fé, declaração *Dignitas infinita* sobre a dignidade humana, 8 de abril de 2024.
EG   Francisco, exortação apostólica *Evangelii gaudium* ao episcopado, ao clero, às pessoas consagradas

	e aos fiéis leigos sobre o anúncio do Evangelho no mundo atual, 24 de novembro de 2013.
FT	Francisco, carta encíclica *Fratelli tutti* sobre a fraternidade e a amizade social, 3 de outubro de 2020.
GS	Concílio Vaticano II, constituição pastoral *Gaudium et spes* sobre a Igreja no mundo contemporâneo, 7 de dezembro de 1965.
LD	Francisco, exortação apostólica *Laudate Deum* a todas as pessoas de boa vontade sobre a crise climática, 4 de outubro de 2023.
LS	Francisco, carta encíclica *Laudato si'* sobre o cuidado da casa comum, 24 de maio de 2015.
PP	Paulo VI, carta encíclica *Populorum progressio*, 26 de março de 1967.
PT	João XXIII, carta encíclica *Pacem in terris* sobre a paz de todos os povos na base da verdade, justiça, caridade e liberdade, 11 de abril de 1963.
SNC	Bula de proclamação do Jubileu ordinário do ano 2025 *Spes non confundit*, 9 de maio de 2024.
SRS	João Paulo II, carta encíclica *Sollicitudo rei socialis* pelo 20º aniversário da encíclica *Populorum progressio*, 30 de dezembro de 1987.

PRÓLOGO

A ESPERANÇA NUNCA DECEPCIONA

Quero convidar-vos a imaginar que estamos juntos em um barco no meio do mar. As águas tempestuosas nos sacodem e começamos a nos perguntar se as coisas não vão piorar ainda mais; todavia, sabemos que existe algo que não só garantirá nossa sobrevivência, mas que também nos guiará através da tempestade. Temos certeza de que voltaremos a ver o rosto dos nossos entes queridos e chegaremos à outra margem.

Essa é a esperança cristã e por isso "não decepciona" (Romanos 5,5). É a segurança de algo que já existe, ou seja, a nossa salvação. Nós a vivemos no caminho da vida, e ao final teremos um encontro com Deus.

Na fúria da tempestade, a esperança é ao mesmo tempo a âncora e a vela do barco. É a âncora porque é concreta e não vaga, e enraizada na certeza daquilo que Deus nos prometeu e realizou em Jesus Cristo. Também é a vela porque, além de nos dar segurança, faz o barco avançar entre as ondas. Se por um lado a esperança nos dá a firmeza da âncora, por outro ela reúne o vento do

Espírito Santo, ou seja, a força motriz que nos impulsiona a seguir navegando em mar aberto até chegar à costa.

Existe um grave perigo: a esperança não deve ser confundida com o otimismo. Em geral, a mídia nos vende otimismo: "Tome essa pílula e você vai parar de engordar", "Faça isso e você ficará rico", ou coisas semelhantes. Isso não é esperança. É preciso ser otimista na vida, sim, mas esperança é uma coisa diferente. O otimismo é uma atitude psicológica, que pode estar presente hoje, mas não amanhã, mais parecida com o sentimento passageiro de quem quer melhorar as coisas apostando unicamente na própria força de vontade.[1] Voltemos à imagem do barco: o otimismo leva a pensar que em algum momento o mar vai parar de nos agitar, as ondas vão se acalmar, o sol vai aparecer e poderemos seguir serenamente em direção ao nosso destino. Mas não temos um motivo concreto para estarmos otimistas em relação ao clima. Sabemos que a tempestade talvez se acalmará, ou talvez não.

A esperança, por sua vez, é a certeza de que avançaremos. Na verdade, ficamos esperançosos por algo que já nos foi dado, e não por algo que gostaríamos que acontecesse. É um dom de Deus, é aquela virtude que levamos no coração e que, enraizada na sua promessa, não nos faz perder o rumo. Gosto da imagem da amarra, da corda presa à âncora que lançamos em

---

1. Cf. FRANCISCO, *Audiência geral*, 26 de abril de 2017.

terra: a esperança é como essa corda à qual nos agarramos para atracar. No final do século passado, os bispos europeus nos recordaram magnificamente que "o homem não pode viver sem esperança: a sua vida, condenada à insignificância, tornar-se-ia insuportável".[2]

Alguns séculos atrás, o pintor Pieter Bruegel, o Velho, nos deixou uma belíssima gravura na qual se vê a deusa latina Spes, que está de pé sobre uma âncora, no centro de um cenário de terríveis adversidades, no qual há personagens que lutam para escapar das ondas do mar, navios destruídos, incêndio, prisões. Mas a inscrição sob a imagem nos conforta: "A persuasão da esperança é maravilhosa e sobretudo necessária à vida, em meio a tantas dificuldades quase insuportáveis".

Tive momentos sombrios em minha vida, nos quais precisei fazer esforços para confiar em Deus. Em momentos conturbados como esses, somos tentados a "agarrar-nos" ao que está à mão, mas é preciso ter cuidado: se nos agarrarmos mal, ficamos apegados a coisas que não ajudam, que tiram a grandeza da esperança. No meu país existe um ditado: "Espere até clarear" – e ele é muito eloquente.

Na Bíblia são narrados vários episódios que dizem respeito à esperança, mas há um que gosto de recordar

---

2. II ASSEMBLEIA ESPECIAL PARA A EUROPA DO SÍNODO DOS BISPOS, *Mensagem final*, 1, in "L'Osservatore Romano", 23 de outubro de 1999.

pela sua força: São Paulo diz-nos que Abraão acreditou, "esperando contra toda a esperança" (Romanos 4,18).

    São Pedro escreve que a esperança cristã é uma "herança incorruptível, imaculada e imarcescível" (1 Pedro 1,4). Ela "sustenta o caminho da nossa vida, mesmo quando este se apresenta tortuoso e cansativo; abre diante de nós sendas de futuro, quando a resignação e o pessimismo quereriam manter-nos prisioneiros; faz-nos ver o bem possível, quando parece prevalecer o mal; a esperança cristã infunde-nos serenidade, quando o coração está oprimido pelo fracasso e pecado; faz-nos sonhar com uma humanidade nova e torna-nos corajosos na construção de um mundo fraterno e pacífico, quando parece inútil empenharmo-nos".[3] É aquela virtude que nos dá a força para adentrarmos na escuridão de um futuro incerto e caminhar na luz.

    Lembro-me de situações que vivi, em particular uma noite muito escura, na qual eu não conseguia ver a saída. Quando a situação se resolveu, anos depois, foi como se uma porta tivesse se aberto para mim. E que não tinha se aberto antes porque não era a hora. Foi assim que aprendi a esperar os tempos de Deus. Às vezes, confundimos o tempo com o momento. Pensamos em momentos instantâneos, queremos acelerar o tempo.

---

3. FRANCISCO, *Homilia*, Ascensão do Senhor – Entrega e leitura da Bula de convocação do Jubileu 2025 e Segundas Vésperas, 9 de maio de 2024.

Mas é importante ter a noção do tempo: a esperança se dá com o tempo.

Semear esperança nos torna bons cristãos. Isso não significa que devemos adoçar os ouvidos dos nossos irmãos e irmãs com falsas promessas ou suavizar o que acontece, mas que somos chamados a semear óleo e perfume de esperança, nunca vinagre de amargura e de desespero.

Gosto também de outra imagem: aquela da esperança como carteira de identidade dos cristãos, algo que nos caracteriza e nos define. Temos isso no nosso DNA porque somos filhos de Abraão e da sua esperança. É esse fio que nos traz de volta à âncora e que é uma fonte vital de alegria. É a virtude que nos empurra para a frente, humilde e simples, mas que também nos faz felizes porque nunca decepciona.

A esperança é uma das três virtudes teologais, que assim se chamam porque só podemos vivê-las graças ao dom de Deus, e é a irmã mais nova das outras duas: a fé e a caridade. Podemos imaginá-la segurando a mão das duas mais velhas, mas na realidade é ela quem as conduz. É aquela virtude humilde que corre sob a superfície da água da vida, mas que nos sustenta para que não nos afoguemos nas dificuldades que nos rodeiam. É a mais escondida, mas é diária.

A esperança é a virtude que, permanecendo em segundo plano, nos mantém firmes e no caminho certo. Explicá-la e compreendê-la é difícil para nós, mas ao mesmo tempo possui uma referência concreta: é o legado cristão, que nos faz caminhar "para alguma coisa", para o encontro com Jesus.[4] É uma virtude que nos põe em movimento e nos faz caminhar, porque a vida do cristão está "em tensão para". Se um cristão perde essa perspectiva, a sua vida torna-se estática. E as coisas que não se movem se corrompem. Pensemos na água: quando fica estagnada, perde suas propriedades e sua essência, até apodrecer. O mesmo acontece com o cristão que não é capaz de se colocar em tensão em relação ao outro lado: falta-lhe alguma coisa, fica na varanda da sua vida e a vê passar como espectador em vez de se tornar protagonista dela. E é ainda mais triste ver esse comportamento entre os jovens! Para o cristão sem esperança, a vida cristã será uma doutrina filosófica, ele a viverá como tal e dirá que também é fé. Mas, se não há esperança, não é.

A esperança não nos decepciona e pede muito pouco em troca. Ela nos pede para estarmos abertos ao caminho que percorremos com ela. Penso no amor de um casal ou de uma amizade. Naquelas "sementinhas" que regamos diariamente para fazê-las crescer e fortalecê-las. Na Bíblia (Lucas 13,18-21) também há a imagem do fermento que uma mulher tomou e escondeu em três medidas de farinha. Um fermento que não fica guardado na geladeira, mas que "é amassado até ganhar vida".

---

4. Cf. FRANCISCO, *Audiência geral*, 28 de dezembro de 2016.

É a esperança, que é humilde e nos sustenta, mas nós, por nossa vez, a mantemos viva com cada ação, porque temos a certeza de que ela não nos decepcionará.

Paciência também é necessária. Nessa mesma passagem da Bíblia (Lucas 13,18-21), Jesus compara o Reino de Deus ao grão de mostarda jogado no campo. Temos de esperar que ele cresça, não vamos todos os dias ver em que estágio se encontra: "alegrando-vos na esperança, perseverando na tribulação, assíduos na oração" (Romanos 12,12). Em um mundo onde a pressa se tornou uma constante, estamos habituados "a querer tudo e agora"; mas, em vez disso, "já não há tempo para nos encontrarmos e, com frequência, as próprias famílias sentem dificuldade para se reunir e falar calmamente. A paciência foi posta em fuga pela pressa, causando grave dano às pessoas" (SNC 4). A paciência, que provém do Espírito Santo, "mantém viva a esperança e consolida-a como virtude e estilo de vida" (*ibid.*). Paciência não é suportar, mas saber sofrer bem.

A esperança não requer apenas paciência; para fazê-la crescer também precisamos de oração. A Bíblia narra a história do profeta Jonas, que, para evitar a tarefa que lhe foi confiada por Deus em Nínive, embarcou para a Espanha com um grupo de marinheiros. No meio da viagem, rebentou uma tempestade, durante a qual ele dormiu e os outros tripulantes, porém, vendo-se perdidos, "começaram a gritar cada qual para o seu deus": eram pagãos (Jonas 1,5). O comandante do navio acordou Jonas dizendo-lhe: "Como podes dormir? Levanta-te, invoca o teu Deus! Talvez Deus se lembre de nós e não pereceremos" (Jonas 1,6). O que essa passagem nos mostra? Que o comportamento daqueles pagãos é a reação correta à morte, ao perigo, porque é então que o homem experimenta plenamente a própria fragilidade e a própria necessidade de salvação. O terror instintivo de morrer revela a necessidade de ter esperança no Deus da vida. As súplicas dos marinheiros são as palavras da esperança que se tornam oração, aquela invocação cheia de angústia que sai dos lábios deles diante de um perigo iminente de morte. Isto é a esperança: é Deus quem conhece a nossa fraqueza, sabe que nos lembramos Dele para pedir ajuda e responde com benevolência com o sorriso indulgente de um pai.

Na cultura popular ouvimos mais de uma vez o ditado "enquanto houver vida, haverá esperança". Na verdade, propõe uma interpretação contrária à da esperança cristã: de fato, é a esperança que faz avançar a vida, que a protege, a salvaguarda e a faz crescer. Se não existisse ela na qual se agarrar, os homens, talvez, "nunca teriam saído das cavernas, nem teriam deixado vestígios na história do mundo".[5] O ser humano "não precisa só dos bens de primeira necessidade para viver, mas de uma grande esperança no coração, que o faça viver bem, que lhe dê o gosto e a coragem de se lançar em projetos

---

5. FRANCISCO, *Audiência geral*, 27 de setembro de 2017.

de longo alcance, que lhe permita levantar o olhar para o alto e para largos horizontes".[6]

Existem duas palavras relacionadas à esperança. Uma é "felicidade". Encontro-a em ser coerente. As incoerências, as armadilhas da vida, a vontade de acelerar o tempo, não te levam à felicidade. A felicidade não se possui, ela se vive. Tudo o que alguém faz para possuí-la leva à decepção. Devemos estar abertos à felicidade, sim, e procurá-la legitimamente, mas sem tentar possuí-la.

A outra palavra é "perdão". O perdão é um desafio diário para todos. Perdoar ou não perdoar. Para mim, a experiência de ser perdoado me ajuda muito a perdoar. Não temos o direito de não perdoar. Se alguém não se sente perdoado, é difícil perdoar. Isso já cria uma série de complexos feios. É difícil, sim, dizer a nós mesmos quais coisas em nossa vida precisam ser perdoadas. E são necessárias muita verdade e esperança.

Quando penso na esperança, penso também na Igreja e na necessidade de combater tantas coisas que nos desesperam (por exemplo, o clericalismo). É preciso uma conversão contínua, feita de atitudes de serviço, e não de domínio; é preciso escutar sem dogmatizar. O pastor, na Igreja, deve estar em meio ao povo de Deus. Não se pode reduzir a Igreja a uma multinacional

---

6. Encontro com as autoridades, com a sociedade civil e com o corpo diplomático, Apec Haus, Port Moresby, Papua Nova Guiné, 7 de setembro de 2024.

da beneficência: é o povo de Deus que caminha na presença do Senhor.

Porque a esperança "não decepciona", penso nos nossos jovens, nos tantos migrantes obrigados a abandonar as suas terras, nas pessoas privadas de liberdade, em quantos sofrem as consequências das guerras, nos milhões de pobres de todo o mundo que lutam para sobreviver, nas mulheres que ainda lutam em toda parte pela verdadeira igualdade. Em todas as pessoas que, longe de serem estatísticas, são para nós rostos reais nos quais irradia a esperança. Foram eles que me inspiraram neste livro.

INTRODUÇÃO

OS ROSTOS DA ESPERANÇA

Aproximamo-nos do início do Jubileu ordinário anunciado para 2025, que reunirá milhões de pessoas em Roma com o lema "Peregrinos de esperança". Com esse espírito convido todos os fiéis a caminharem juntos em direção a Deus e aos outros, para não desistir das "pedras pesadas" que hoje afligem a humanidade e bloqueiam as suas esperanças, como uma grande pedra no seu tempo quis fechar o túmulo de Jesus.[1]

A peregrinação é uma ação que nos tira da zona de conforto em que por vezes caímos quando acreditamos ter as rédeas em mãos. Outras vezes são os nossos medos, dúvidas e elucubrações que nos bloqueiam e não nos permitem ir "às periferias da existência, sermos os primeiros a ir ao encontro dos nossos irmãos e irmãs, sobretudo dos mais distantes, de quantos estão

---

1. FRANCISCO, *Mensagem Urbi et Orbi*, 31 de março de 2024.

esquecidos, dos que têm mais necessidade de compreensão, conforto e ajuda".[2]

A esperança, a virtude que "não decepciona" (Romanos 5,5) e nasce do amor, é sinal de encorajamento para a comunidade desde as origens do cristianismo. Todos esperam e, como eu afirmei na Bula de indicação do Ano Santo, "no coração de cada pessoa, encerra-se a esperança como desejo e expectativa do bem, apesar de não saber o que trará consigo o amanhã" (SNC 1).

Ser peregrinos, carregar esperança. O Jubileu que agora nos chama tentará converter-nos todos em portadores desta mensagem de salvação.

Na tradição judaico-cristã, o Jubileu é um tempo de graça em que se experimenta a misericórdia de Deus e o dom da sua paz. É um momento em que os pecados são perdoados, a reconciliação prevalece sobre a injustiça e a terra descansa. De braços abertos estendemos o convite a vivê-lo com alegria e fraternidade também aos irmãos de outras confissões e a quantos ainda não receberam o dom da fé. É uma festa à qual "Jesus convida mesmo a todos, sem fazer distinções nem excluir ninguém".[3]

Quanta necessidade há nos nossos dias deste espírito jubilar! Olhemos ao nosso redor: guerras, secas, inundações, pobreza crescente; riqueza concentrada,

---

2. FRANCISCO, *Audiência geral*, 27 de março de 2013.
3. FRANCISCO, *Crescer misericordiosos como o Pai*, mensagem para o Jubileu da misericórdia dos adolescentes, 6 de janeiro de 2016.

falta de fraternidade, excesso de inimizade social. Neste contexto, o Ano Santo pode ajudar muito a restabelecer um clima de esperança e de confiança, como sinal de um novo renascimento, do qual todos sentimos a urgência.

É nossa tarefa estar à altura disso, especialmente na Igreja, e trabalhar para que o chamado não caia em deformações das quais devemos nos proteger. Muitos peregrinos chegarão a Roma, e sabemos que o acolhimento deles "deve exprimir-se não só nas obras estruturais e culturais, que são necessárias, mas também permitindo que vivam a experiência da fé, conversão e perdão, encontrando uma comunidade viva que testemunhe isto com alegria e convicção".[4]

Ao mesmo tempo, a presença de peregrinos de todo o mundo não significa que os moradores da cidade devam abrir mão de espaço ou conforto por causa do evento. O Ano Santo "pode ter um impacto positivo no próprio rosto da cidade, melhorando o seu decoro e tornando os serviços públicos mais eficientes, não só no centro, mas também aproximando o centro e as periferias".[5] Conheço o esforço que as autoridades, nos diferentes níveis de governo, têm feito neste sentido,

---

4. FRANCISCO, *Discurso aos participantes na plenária do Dicastério para a evangelização (Setor para as questões fundamentais no mundo)*, 15 de março de 2024.
5. FRANCISCO, visita ao Capitólio de Roma, 10 de junho de 2024.

mas peço-lhes que permaneçam vigilantes contra possíveis excessos. Devemos evitar alguns efeitos indesejáveis do Jubileu, como a drástica diminuição da oferta de imóveis para alugar aos habitantes da cidade face à especulação imobiliária por parte daqueles que tentam "ajustar-se" oferecendo alojamentos caros e temporários aos peregrinos. Convido ainda a fazer com que as celebrações não signifiquem negligenciar os problemas e tentar "limpar" a cidade dos pobres e das pessoas em situação de rua.

Sabemos que Roma é uma cidade única, com um espírito universal. Mas esse "espírito quer estar ao serviço da caridade, ao serviço do acolhimento e da hospitalidade".[6]

O Jubileu nos permite levar essa mensagem de esperança ao mundo inteiro, e ao mesmo tempo milhões de irmãos e irmãs de todas as latitudes virão a Roma como peregrinos para cruzar a Porta santa da Basílica de São Pedro e das outras basílicas papais da cidade. Recordamos que, desde que Bonifácio VIII instituiu o primeiro Ano Santo, em 1300, o povo fiel de Deus tem vivido essa celebração como um dom especial da graça, caracterizado pelo perdão dos pecados e, em particular, pela indulgência, expressão plena da misericórdia de Deus.

São Paulo VI considerava, mais de cinquenta anos atrás, que "a graça do Jubileu se obtém, de fato,

---

6. *Ibid.*

caminhando e avançando em direção a Deus na fé, na esperança e na caridade".[7]

Cabe aos cristãos levar ao mundo essa bela virtude, em um momento decisivo para a humanidade. Só será possível se conseguirmos recuperar o sentido da fraternidade universal e se não fecharmos os olhos diante do drama da pobreza que impede milhões de pessoas de viver de forma humanamente digna. Na Bula de indicação eu fiz votos, sobretudo, para que "o Jubileu seja, para todos, ocasião de reanimar a esperança" (SNC 1).

A FORÇA DA ESPERANÇA

Existe um aspecto particular da esperança que considero relevante para refletirmos tendo em vista o ano jubilar: a importância de cultivar a virtude sobre o seu oposto, o desespero, um mal que nos aflige na crescente globalização da indiferença e da cultura do eu. Por essa razão, eu gostaria também de lançar um apelo a não cair na tentação de considerá-la apenas no âmbito individual, sem reconhecer o seu *éthos* comunitário.

Eu gostaria de compartilhar o que recentemente escreveu um filósofo contemporâneo, convencido de

---

[7]. PAULO VI, exortação apostólica *Gaudete in Domino*, 9 de maio de 1975, VII.

que "o culto da positividade isola as pessoas, torna-as egoístas e suprime a empatia, porque se desinteressam pelo sofrimento dos outros. Cada um se preocupa apenas consigo, com a própria felicidade, com o próprio bem-estar. No regime neoliberal, o culto da positividade faz com que a sociedade desista da solidariedade. Ao contrário do pensamento positivo, a esperança não vira as costas aos aspectos negativos da vida. Mantém-nos presentes. Além disso, não isola as pessoas, pelo contrário, as une e as reconcilia. O sujeito da esperança é um nós".[8]

A esperança nos sustenta e nos mantém no caminho. Faz isso conosco, cristãos, que temos nela a nossa âncora e a nossa vela, e deveria fazer também na Igreja. É o motor que nos faz vivenciar uma Igreja em saída, com aquele dinamismo que Deus quer inspirar nos crentes e do qual temos numerosos exemplos bíblicos, como quando Abraão aceitou o chamado para partir para uma nova terra (Gênesis 12,1-3) ou quando Moisés ouviu o pedido de Deus e enviou o povo para a terra prometida (Êxodo 3,10-17).

É também a virtude que todo dia nos dá força frente aos "cenários e aos desafios sempre novos da missão evangelizadora da Igreja" e para acolher o chamado a "sair da própria comodidade e ter a coragem

---

8. BYUNG-CHUL Han, *El espíritu de la esperanza*, Herder, Barcelona 2024, *Preludio*.

de alcançar todas as periferias que precisam da luz do Evangelho" (EG 20).

Todavia, diversos fatores se combinaram até sedimentar em nós uma espécie de fadiga "que poderíamos chamar *o cansaço da esperança*".[9] É uma sensação que pode nos levar a permanecer passivos diante da intensidade e da profundidade das transformações que estamos atravessando como sociedade. Estamos vivendo uma mudança de época, mais do que uma época de mudanças, e não devemos deixar-nos dominar pelo desespero.

É claro que em muitos casos esse desespero que se espalha entre os nossos irmãos é responsabilidade direta de uma Igreja ferida pelo seu pecado e que muitas vezes não soube ouvir aqueles gritos nos quais estava escondido o grito do Mestre: "Deus meu, Deus meu, por que me abandonaste?" (Mateus 27,46).

Por isso, devemos abrir-nos mais à esperança oferecida pelo Evangelho, que é o antídoto ao sentimento de desespero que cresce na sociedade. É a virtude que nos mantém firmes enquanto navegamos nas águas turbulentas de um mundo onde surgem cada vez mais perigos, como a atração do materialismo que sufoca os autênticos valores espirituais e culturais e o espírito de competição desenfreada que gera egoísmo e conflitos. Nós, na Igreja, não estamos imunes a esses riscos e tentações.

---

9. FRANCISCO, *Santa missa com os sacerdotes, consagrados e movimentos leigos*, Catedral-Basílica de Santa Maria la Antigua, Panamá, 26 de janeiro de 2019.

A esperança para nós, membros da Igreja, é um eficaz antídoto também contra aquilo que chamei de "mundanismo espiritual, que, ao contrário de todas as outras tentações, é difícil de desmascarar, porque está encoberta por tudo aquilo que normalmente nos tranquiliza: a nossa função, a liturgia, a doutrina, a religiosidade".[10]

Para afastar-se desses comportamentos desesperados, os irmãos e as irmãs da Igreja não devem nunca esquecer de fazer um apelo incessante à humildade, que "é a capacidade de saber *habitar* – sem desespero, com realismo, alegria e esperança – *a nossa humanidade*, esta humanidade amada e abençoada pelo Senhor. [...] é compreender que não devemos envergonhar-nos da nossa fragilidade".[11]

É a falta de humildade que nos levou a cometer pecados, que às vezes fazem silenciar, às vezes são silenciados, com os quais em muitos casos ferimos milhares de pessoas. Ainda estamos atravessando aquela que podemos definir como uma crise causada "pelos escândalos de ontem e de hoje".[12] Nós cometemos erros e estamos aprendendo a não os repetir, melhorando os controles e perseguindo quem cometeu delitos.

---

10. FRANCISCO, *Discurso à cúria romana para as felicitações de Natal*, 23 de dezembro de 2021.
11. *Ibid.*
12. FRANCISCO, *Discurso à cúria romana para as felicitações de Natal*, 21 de dezembro de 2020.

A esperança nos faz sair, nos torna aquela Igreja "missionária" em direção às periferias e a novas áreas socioculturais. É a nossa vela, nos coloca em condições de navegar em mar aberto.

O importante é se movimentar e vencer a tentação de ficar paralisados ou, pior ainda, de nos perder nos medos que se aninham nas paredes internas que nós mesmos construímos. Levantemos a guarda contra o atraso e contra a rigidez que surgem quando aderimos a ideologias que, muitas vezes sob o pretexto de boas intenções, nos afastam da realidade e nos impedem de avançar.

Uma Igreja missionária e em movimento é uma Igreja aberta. Pensemos nas nossas casas: a porta que abrimos para sair também permite a entrada de ar novo, que nos "oxigena". Abrindo as portas e os corações, varremos para fora aquele cheiro de naftalina espiritual típico de quem tem no coração apenas os próprios interesses e, consequentemente, não aprende com os próprios pecados nem se entrega ao perdão.

Estes são os dois sinais de uma pessoa fechada. Ela não aprende com os próprios pecados e não está aberta ao perdão. É "uma tremenda corrupção, com aparências de bem. Devemos evitá-lo, pondo a Igreja em movimento de saída de si mesma, de missão centrada em Jesus Cristo, de entrega aos pobres" (EG 97). E qual é a nossa vela para conseguir isso? A esperança.

Esta é a profecia que a Igreja nos dá hoje: ela quer que sejamos mulheres e homens de esperança, mesmo em meio aos problemas, porque essa virtude "é livre, não é escrava, encontra sempre o modo para resolver uma situação".[13]

Precisamos ser capazes de dizer quanto "é bela a liberdade, a magnanimidade, a esperança de um homem e de uma mulher de Igreja. [...] E ao contrário, como é feia e quanto faz mal a rigidez de uma mulher e de um homem de Igreja: a rigidez clerical, que não tem esperança".[14]

Levantemos a guarda contra as falsas esperanças que o mundo nos apresenta, desmascarando sua inutilidade e mostrando sua loucura! Em particular, somos chamados a denunciar a falsidade dos ídolos nos quais o homem é continuamente tentado a depositar a sua confiança, fazendo deles o objeto da sua esperança.

Em Buenos Aires, como eu andava muito a pé, acabava cruzando alguns parques. Lembro-me de ver algumas vezes, entre as pessoas, na grama, as mesas onde os videntes se sentavam. E lá as filas de pessoas ficavam cada vez maiores. A coisa toda acontecia rapidamente: alguém se aproximava, lhe liam a mão e para todo mundo contavam uma história bem parecida: tem uma mulher na sua vida, tem uma sombra chegando, mas vai ficar tudo bem. Todas frases prontas, genéricas, previsíveis. As pessoas pareciam felizes com isso,

---

13. FRANCISCO, *A lição de uma avó*, Homilia a S. Marta, 14 de dezembro de 2015.
14. *Ibid.*

pagavam e iam embora. Isso é a segurança de verdade? Não. Isso é um ídolo, e quando nos curvamos à idolatria compramos falsas esperanças.

Por outro lado, mesmo que tenhamos a esperança gratuita que Jesus Cristo nos trouxe ao dar sua vida por nós, às vezes a descartamos e não confiamos nela. Às vezes é difícil que no povo de Deus possa haver esperança, quando com frequência fomos nós mesmos, na Igreja, os que conspiramos contra o crescimento daquele fermento. Com os nossos pecados, negamos as sementes que, como os grãos de mostarda de que nos fala a Bíblia, estavam destinadas a fazer brotar um novo horizonte entre os nossos irmãos e irmãs. Mas podemos ainda recorrer ao perdão para dar esperança novamente.

Porquanto precisamos de esperança, quero reiterar que sinto ainda dor e vergonha pelos danos irreparáveis causados aos meninos, às meninas e aos adultos que foram vítimas de abusos sexual, de consciência e de poder por parte do clero em todo o mundo.

Porquanto precisamos de esperança, quero pedir perdão pelos pecados cometidos por milhares de cristãos ao redor do mundo contra os povos indígenas.

Porquanto precisamos de esperança, quero pedir perdão a todos os pobres e indefesos do mundo por cada vez que um cristão olhou para o outro lado.

Porquanto precisamos de esperança, quero pedir perdão por cada vez que um membro da Igreja caiu na corrupção e traiu a confiança de nossos irmãos e irmãs.

Porquanto precisamos de esperança, quero pedir perdão pelas perseguições que em diferentes épocas foram feitas em nome de Deus.

Pedir perdão é necessário, mas não suficiente. Nossas palavras de arrependimento por todo o mal que foi feito nunca serão suficientes. Mas nós queremos olhar nos olhos das vítimas, dos membros de nossas comunidades e da sociedade e convidá-los todos para uma peregrinação em nosso caminho de esperança. Pedir perdão é um primeiro passo obrigatório.

NINGUÉM SE SALVA SOZINHO

A globalização da indiferença atravessa o mundo e agiganta uma cultura do eu que reduz cada vez mais os espaços coletivos de pertencimento aos quais nossos irmãos e irmãs podem recorrer. Muitos espaços comunitários se tornaram alvo de certo discurso hegemônico que, servindo de fundamento filosófico para um capitalismo cada vez mais selvagem, busca fortalecer um individualismo exasperado como única dimensão possível para a realização do ser humano.

Em uma época na qual quase tudo é líquido ou leve,[15] a esperança, por sua vez, nos fala mais de uma

---

15. Cf. ZYGMUNT BAUMAN, *Modernidade líquida*, Zahar, Rio de Janeiro 2021, e GILLES LIPOVETSKY, *A era do vazio*, Edições 70, 2013.

realidade profundamente enraizada no ser humano, a despeito das circunstâncias específicas e das condições históricas em que ocorre. Ela nos fala de uma sede de plenitude, de uma vida plena, de elevar o espírito em direção a coisas grandes como a verdade, a bondade e a beleza, a justiça e o amor.

É por isso que a esperança também exige a disposição de não se deixar seduzir pelo efêmero e pelo volátil, pelo hedonismo vazio e pelas promessas de prazer imediato, autorreferencial e egoísta. Dos ídolos ou dos falsos profetas.

A esperança é ousada e olha além dos confortos pessoais, das pequenas garantias e compensações que estreitam o horizonte, para se abrir a grandes ideais que tornam a vida mais bela e digna.

Bento XVI sabiamente escreveu: "Como cristãos, não basta perguntarmo-nos: como posso salvar-me a mim mesmo? Deveremos antes perguntar-nos: o que posso fazer a fim de que os outros sejam salvos e nasça também para eles a estrela da esperança? Então terei feito também o máximo pela minha salvação pessoal".[16]

Diz um provérbio africano: "Se quer ir rápido, vá sozinho. Se quer ir longe, vá acompanhado". Portanto, a esperança que nos é oferecida não nos separa dos outros

---

16. BENTO XVI, Carta encíclica *Spe salvi*, 30 de novembro de 2007, n. 48.

nem nos leva a desacreditá-los ou a marginalizá-los.[17] Pelo contrário, trata-se de um dom extraordinário do qual somos chamados a nos tornar "canais", com humildade e simplicidade, para todos e com todos.

A pandemia que há alguns anos atingiu o mundo inteiro, a interligação dos desafios da humanidade e a aceleração de uma Terceira Guerra Mundial em pedaços cada vez maiores nos lembram que ninguém se salva sozinho e é por isso que é impossível pensar a esperança em solidão.

Se esperançamos, é porque muitos dos nossos irmãos e irmãs nos ensinaram a esperançar e mantiveram viva a nossa esperança. Este é o exemplo diário que nos é dado por aqueles que permanecem invisíveis, mas firmes: os pequenos, os pobres, os simples, os marginalizados. Não há esperança para aqueles que se fecham e buscam apenas o próprio bem-estar.

A esperança cristã não é apenas pessoal ou individual, mas também comunitária ou eclesial. Todos nós esperançamos; todos temos esperança, por isso um "caminho de esperança exige uma cultura do encontro, do diálogo, que supere os contrastes e o confronto estéril".[18]

---

17. Cf. FRANCISCO, *Audiência geral*, 15 de fevereiro de 2017.
18. FRANCISCO, *Saudação aos jovens do Centro cultural Padre Félix Varela*, Havana, Cuba, 20 de dezembro de 2015.

Entre as mais belas representações feitas dessa virtude está a de um poeta que afirma esplendidamente que Deus não se surpreende tanto com a fé dos seres humanos, nem mesmo com a caridade deles; o que realmente o enche de admiração e emoção é a esperança do povo: "Que aqueles pobres filhos vejam como vão as coisas e que acreditem que será melhor amanhã".[19]

São versos que me vêm à mente quando penso em rostos "de muitas pessoas que passaram por este mundo – camponeses, pobres operários, migrantes em busca de um futuro melhor – que lutaram tenazmente, não obstante a amargura de um presente difícil, cheio de numerosas provações, mas animada pela confiança de que os filhos teriam uma vida mais justa e mais tranquila. Pelejavam pelos filhos, lutavam na esperança".[20] São eles os protagonistas do Jubileu, é o rosto deles nos quais pensamos no momento de ser peregrinos de esperança.

---

19. CHARLES PÉGUY, *Os portais do mistério da segunda virtude*, Paulinas, São Paulo 2014.
20. FRANCISCO, *Audiência geral*, 27 de setembro de 2017.

1
O ROSTO DE UMA MULHER GRÁVIDA

No início do século XX, o artista Gustav Klimt pintou *Esperança I* (1903) e *Esperança II* (1907). Naqueles quadros ele retratou duas mulheres grávidas como um emblema dessa virtude. No primeiro, a mulher apoia as mãos entrelaçadas entre a barriga e o peito e olha diretamente para o espectador, com um rosto pacífico e tranquilo, apesar de a morte e outros personagens sombrios serem retratados ao seu redor. O que o pintor queria comunicar, como ele mesmo afirmou anos depois, é que "a beleza, a esperança só vem de dentro dela. E ela expressa isso com os olhos".

É um quadro cheio de força. Quando se fala de esperança, sempre me vem à mente o rosto de uma mulher grávida. E eu acho que ela vai ao médico, faz o ultrassom, vê o bebê que carrega no ventre e irradia felicidade por todos os poros. Todos os dias ela toca sua barriga para sentir aquela criança que ainda não conhece, pensa no nome que lhe dará, vive esperando por ela.

Sabemos que a "gravidez é um período difícil, mas também um tempo maravilhoso" (AL 168). Quando uma mulher descobre que está grávida, cada dia aprende a viver na espera de ver o rosto daquele bebê que vai chegar. E isso é esperança.

Uma passagem das Escrituras nos fala de uma esplêndida imagem que Jesus deixou aos seus discípulos na Última Ceia: "Quando a mulher está para dar à luz, entristece-se porque sua hora chegou; quando, porém, dá à luz a criança já não se lembra dos sofrimentos, pela alegria de ter vindo ao mundo um homem" (João 16,21). O amor materno gera vida e dá sentido até à dor. O amor é o motor que impulsiona nossa esperança. É por isso que gosto tanto da imagem da mulher grávida como rosto simbólico dessa virtude.

Temos também o exemplo de Maria, que diz "sim" ao convite do Anjo, mesmo sendo muito jovem e não sabendo exatamente que futuro a espera. Então, Maria teve fé e naquele momento mostra-se a nós como uma das muitas mães do nosso mundo, com aquela coragem incomparável de acolher em seu ventre a história de um homem novo que nasce. É a audácia de ter esperança na humanidade.

O que nos dizem todas essas imagens? No mundo de hoje, a necessidade de esperança se traduz na necessidade de promover a natalidade.

Muitos tentaram incutir em nós teorias eugênicas segundo as quais já somos muitos na Terra, enquanto outros sempre se voltaram para o neomalthusianismo, na tentativa de encontrar justificativas para a cultura do descartável que ameaça exterminar do planeta milhões de nossos irmãos e irmãs. Sempre me impressionou o fato de "essas teses, hoje datadas e há muito ultrapassadas, falarem de seres humanos como se se tratasse de problemas. Mas a vida humana não é um problema, é um dom".[1] Por isso, cada vez que encontrarmos o rosto de uma mulher grávida, saberemos que nela germina a verdadeira esperança da humanidade.

POR UMA PRIMAVERA DE ESPERANÇA PERANTE O INVERNO DEMOGRÁFICO

A revolução da esperança da qual devemos ser peregrinos neste Ano Santo inclui entre os seus maiores desafios o de conseguir reverter o inverno demográfico que se aproxima em várias regiões do mundo.

---

1. FRANCISCO, *Discurso aos participantes da IV edição dos Estados gerais da natalidade*, 10 de maio de 2024.

O nascimento de filhos, de fato, é o principal indicador para medir a esperança de um povo.[2] Se nascem poucas crianças, significa que há pouca esperança. Não se trata apenas do impacto na produção de um país ou na economia de uma região. É uma questão mais profunda e diz respeito ao tipo de confiança que depositamos em um futuro sem filhos.

A baixa taxa de natalidade é uma verdadeira emergência social. É uma luz vermelha que se acendeu muitos anos atrás e, no entanto, em um mundo onde há cada vez mais guerras, pobreza e fome, parece ter sido relegada ao segundo plano. Mas corremos o risco de, quando prestarmos atenção a ela, ser tarde demais.

Não há dúvidas de que em muitos países constituir família se tornou um fardo econômico cada vez mais pesado, o que infelizmente afeta a mentalidade das gerações mais jovens, que crescem na incerteza, na decepção e no medo. Principalmente nos chamados países "desenvolvidos", vemos milhares de jovens que gostariam de ser pais, mas acabam deixando esse sonho de lado por medo do desafio que ele acarreta. Então, surgem substituições confortáveis que enchem a vida cotidiana de consumismo exasperado, de ilusória realização pessoal na solidão, de sacralização do tempo livre. Assim, o desejo de

---

2. FRANCISCO, *Discurso aos participantes da III edição dos Estados gerais da natalidade*, 12 de maio de 2023.

formar uma família é anestesiado e se transforma em uma utopia.

Essa atitude só pode empobrecer nossa família humana. É "uma pobreza trágica, porque atinge o ser humano na sua maior riqueza: trazer ao mundo vidas para cuidar delas, transmitir a outros com amor a existência recebida".[3] É uma forma de resignação e de conformismo que nos entristece. Perdemos a esperança: paramos de esperar grandes coisas.

A expansão da família humana – é disso que no fundo se trata – deveria ser um valor partilhado, que todos reconhecem e apoiam: o de olhar a vida em comum com uma esperança que se impõe às existências solitárias, nas quais fermentam o individualismo extremo e o hedonismo desenfreado desta era.

Não podemos esquecer: o todo é maior do que as partes. As crianças que vêm ao mundo não são apenas um presente para suas famílias, são pessoas com uma vida pela frente para contribuir com o crescimento de todos, pois trarão riqueza humana e geracional. Quem aumenta a família, ao mesmo tempo, está trabalhando para enriquecer a humanidade.

Fala-se cada vez menos sobre direitos familiares, que nos debates sociais, políticos e midiáticos dão lugar às necessidades individuais. Estou convencido,

---

3. FRANCISCO, *Discurso aos participantes da II edição dos Estados gerais da natalidade*, 12 de maio de 2022.

porém, de que a "família é um bem de que a sociedade não pode prescindir, mas precisa ser protegida" (AL 44).

É evidente, por exemplo, como é cada vez mais difícil para muitas mulheres escapar à armadilha do falso dilema imposto pela sociedade atual, que as obriga a escolher entre a carreira profissional e a maternidade. Ou quão grave é sobre seus ombros o peso de ter de cuidar de pessoas dependentes dentro da própria família, uma sobrecarga que afeta diretamente suas perspectivas de maternidade.

Para fazer essa revolução, para multiplicar esses rostos de esperança que são as mulheres grávidas, precisamos de uma aliança entre o mundo da política, dos negócios e da sociedade civil: devemos todos nos reunir e "raciocinar sobre como passar do inverno para a primavera demográfica".[4]

A esperança, de fato, nos dirige um convite urgente a trabalhar arduamente para encontrar soluções que possam moldar uma sociedade à altura do momento histórico que vivemos, marcado por tantas injustiças. Aumentar a taxa de natalidade também significa remediar as formas de exclusão social que hoje afetam os jovens e seu futuro. Para dar um exemplo bem concreto: com que contribuições serão financiadas as licenças e

---

4. FRANCISCO, *Discurso aos participantes da III edição dos Estados gerais da natalidade*, 12 de maio de 2023.

as aposentadorias dos futuros trabalhadores, se amanhã não haverá filhos que trabalhem?

Faltava-nos visão de longo prazo e espírito comunitário, e isso nos desconectou da história. Não olhamos mais para o passado e não pensamos no futuro para perceber que pertencemos a uma família humana. Vivemos no perpétuo presente da selfie.

Temos uma memória na qual nos ancorarmos; temos um futuro para deixar como legado àqueles que nos seguirão. Por outro lado: "A falta de filhos, que provoca um envelhecimento da população, assim como o abandono dos idosos numa dolorosa solidão, exprimem implicitamente que tudo acaba conosco, que só contam os nossos interesses individuais" (FT 19). Fizeram-nos acreditar que estávamos no "fim da história" para impor a fase mais selvagem de um capitalismo que mata; agora querem nos fazer acreditar que aquele fim da história está dentro de nós para que a família humana não continue a crescer.

Precisamos que os responsáveis pela política comecem a ver o problema do iminente inverno demográfico não como uma fotografia isolada, mas como um filme que se desenrola para uma conclusão que pode ameaçar a própria existência dos seres humanos na Terra.

O diagnóstico é urgente, mas ainda nos resta uma margem para ação. Não deixemos que formar uma família se torne uma ilusão: transformemos isso em algo realizável. Vamos dar esperança às mulheres e aos homens que sonham em se tornar mães e pais. É uma tarefa que diz respeito a todos. São necessárias políticas públicas criativas, abrangentes e visionárias para promover a família.

Sei que em algumas regiões de alguns países europeus conseguiu-se manter estável a taxa de natalidade graças a benefícios como descontos em creches e em produtos para recém-nascidos. Isso foi obtido porque o Estado vigente, em aliança com o setor privado, decidiu criar um contexto no qual a economia deixa de ser um fator condicionante quando se trata de criar uma família. Esses incentivos, por outro lado, aliviam a carga das mulheres, de modo que possam seguir suas carreiras.

O setor privado também pode fazer muito mais para garantir empregos suficientemente estáveis e que deem segurança às famílias. O desejo de uma mulher pela maternidade, por exemplo, nunca deveria ser incluído entre as perguntas feitas durante uma entrevista de emprego, como uma espécie de filtro oculto.

Outra linha de ação que devemos explorar é conter os processos migratórios de jovens que deixam nossos países. Se começar uma família na própria terra já é difícil, imaginem no exterior, sem o ambiente amoroso e atencioso em que crescemos.

Ao mesmo tempo, sabemos que não basta trazer uma criança ao mundo para dizer que se é pai ou mãe. Sem responsabilidade, o DNA não é suficiente. Por isso, toda vez que um pai ou uma mãe "pula fora" e deixa seus filhos sem cuidados ou sem a ajuda correspondente, considero isso uma ferida aberta no corpo do menino Jesus.

Tornar-se pai significa assumir responsabilidades. Foi essa paternidade responsável que José exerceu quando reconheceu Jesus diante da lei e lhe deu seu nome, que significa "o Senhor salva", cumprindo assim a ordem de Deus que o anjo lhe havia anunciado em sonho: "ele salvará o seu povo dos seus pecados" (Mateus 1,21). Em muitos países, o Judiciário está tomando medidas muito importantes para proteger os interesses dos filhos quando um dos pais negligencia as próprias obrigações.

Penso também na necessidade de facilitar o acesso à adoção, que considero "entre as formas mais elevadas de amor e de paternidade e maternidade".[5] Milhões de crianças no mundo esperam que alguém cuide delas, assim como há milhares de casais que gostariam de ser pais e mães, mas não podem por razões biológicas, ou que, mesmo já tendo filhos, querem ampliar sua família. Eles querem continuar trazendo esperança ao mundo.

Repito e reforço que a "queda demográfica, causada por uma mentalidade antinatalista e promovida pelas políticas mundiais de saúde reprodutiva, não só determina uma situação em que a sucessão das gerações deixa de estar garantida, mas corre-se o risco de levar, com o tempo, a um empobrecimento econômico e a uma perda de esperança no futuro" (AL 42).

---

5. FRANCISCO, *Audiência geral*, 5 de janeiro de 2022.

A família é o principal antídoto à pobreza material e espiritual que cresce no mundo, assim como ao problema do inverno demográfico que começa a atingir sobretudo o Ocidente, mas que, se não agirmos logo, também terá consequências para todas as outras regiões do mundo.

A FAMÍLIA, SEMENTE DE PAZ E DE ESPERANÇA

Onde há família, há amor, há uma semente de paz e de esperança. Não digo isso para idealizar famílias, muito pelo contrário. Em quase todos os lares há discussões, pratos voam, temos um pai ou um filho com quem ficamos bravos. Mas gosto de pensar nessas situações familiares como momentos de cruz e de ressurreição.[6] Nós brigamos, mas depois nos perdoamos. E a família segue em frente mais forte.

Portanto, ao lado da mulher grávida, a família também é um rosto de esperança. No lar existem dificuldades, mas elas são superadas com o amor. E não digo que sejam discussões: pensem nas noites sem dormir que os pais têm quando um novo membro chega. Ou em situações de trabalho que podem afetar o vínculo do casal. Mas a família é aquela semente de

---

6. Cf. FRANCISCO, *Festa das famílias e vigília de oração*, Parque B. Franklin, Filadélfia, 26 de setembro de 2015.

amor que nos fortalece e nos ajuda a superar essas dificuldades. O ódio nunca nos levará por aquele caminho.

A família perfeita não existe. Não devemos ter medo da imperfeição, da fragilidade ou mesmo dos conflitos: ao contrário, aprendamos a enfrentá-los de modo construtivo. Assim, a família na qual todos se amam com seus limites e pecados se torna uma escola de perdão.

A família não é estática, não devemos considerá-la uma relíquia de museu: é o lugar do amor onde se concretizam a capacidade de se doar, o compromisso recíproco e a abertura generosa ao próximo, assim como o serviço à sociedade. Esse ambiente nos prepara de fato, desde a infância, para um mundo em que a convivência e a superação dos conflitos por meio do diálogo formam a maneira mais saudável de nos relacionarmos com os nossos irmãos e irmãs.

As famílias geram paz em todas as sociedades "porque ensinam o amor, o acolhimento, o perdão, que são os melhores antídotos contra o ódio, o preconceito e a vingança que envenenam a vida de pessoas e de comunidades".[7]

Quero destacar mais uma vez que "a fraternidade se começa a aprender habitualmente no seio da família", que, "por vocação, deveria contagiar o mundo com o

---

7. Cf. FRANCISCO, *Festa das famílias*, Croke Park Stadium, Dublin, 25 de agosto de 2018.

seu amor"[8] e contribuir para o amadurecimento daquele espírito de serviço e participação que constrói a paz. Depositar esperança na família é ter esperança na paz.

Com esperança em um futuro de fraternidade e de paz, quero dizer aos jovens que, "sim, que vale a pena apostar na família e que nela encontrareis os melhores estímulos para amadurecer e as mais belas alegrias para partilhar". Independentemente das dificuldades que possam encontrar, "não permitais que vos enganem quantos vos propõem uma vida desenfreada e individualista que acaba por levar ao isolamento e à pior solidão" (CV 263).

Quem dá vida a uma família toma para si uma das maneiras mais bonitas de ser revolucionário. Personifica a crença de que o amor vence o ódio e se torna um peregrino de esperança em meio à cultura predominante do provisório e do relativo. Em um mundo onde muitos pregam que o importante é aproveitar o momento, que não vale a pena assumir um compromisso para a vida toda nem fazer escolhas definitivas, vos convido a se abrirem para essa experiência inigualável do amor que é a família.

A família também deve ser defendida dia após dia. Além das ameaças de colonização ideológica que procuram contrapor-lhe modelos em que tudo passa pela

---

8. FRANCISCO, *Mensagem para a celebração do XLVII Dia mundial da paz*, 1º de janeiro de 2014.

experiência individual, existem as difíceis condições objetivas nas quais muitas delas são obrigadas a viver, a ponto de serem privadas até dos meios de subsistência.

A *Declaração universal dos direitos humanos* descreve a família como o núcleo natural e fundamental da sociedade, de modo que qualquer ataque à família acaba sendo um ataque ao todo. Em sociedades cada vez mais fragmentadas, nem mesmo as famílias, em grande parte, são poupadas da sensação de desenraizamento e orfandade que está se espalhando.

Se quisermos restabelecer sociedades fortes nas quais o senso de comunidade prevaleça sobre os individualismos, devemos começar pela reabilitação da família. E, para isso, a mais urgente das nossas prioridades é cuidar da dignidade de cada vida.

A DEFESA DA VIDA E DA FAMÍLIA

Recordemos as palavras do Concílio Vaticano II de que a vida deve "ser salvaguardada, com extrema solicitude, desde o primeiro momento da concepção; o aborto e o infanticídio são crimes abomináveis" (GS 51).

Existe uma cultura do descarte na qual o "ser humano é considerado, em si mesmo, como um bem de consumo que se pode usar e depois lançar fora" (EG 53), e ela nos ameaça em todos os níveis: indivíduos, famílias e sociedade.

Uma das formas mais macabras dessa cultura do descarte é o aborto, um hábito que se globalizou na esteira de fortes campanhas ideológicas induzidas por alguns centros de poder, e que não podemos descrever de outra forma senão como um homicídio.

Não é de todo supérfluo reiterar que "a paz requer, antes de mais nada, que se defenda a vida, um bem que hoje é posto em causa não só por conflitos, fome e doenças, mas muitas vezes até mesmo pelo ventre materno, afirmando um pretenso 'direito ao aborto'".[9]

O aborto não é uma questão de fé, mas de humanidade. É um problema pré-religioso. Deveria ser uma regra fundamental da convivência universal que ninguém possa arrogar-se o direito sobre a vida de outro ser humano: sobretudo se a vítima estiver indefesa e não puder se defender. A Pontifícia Academia para a Vida nos recordou recentemente que "Na era dos direitos humanos universais, não pode haver um 'direito' de suprimir uma vida humana".[10]

Certos órgãos internacionais exercem uma pressão crescente para promover aberturas cada vez mais indiscriminadas em matéria de aborto. Como na era dos espelhos coloridos, muitas vezes se trata de uma

---

9. FRANCISCO, *Discurso aos membros do corpo diplomático acreditado junto da Santa Sé para as felicitações de ano novo*, 9 de janeiro de 2023.
10. PONTIFÍCIA ACADEMIA PELA VIDA, *Declaração*, 4 de março de 2024.

solicitação que se esconde, como um cavalo de Troia, no condicionamento da ajuda orçamentária e financeira aos países mais pobres.

A relação especial entre a mãe e o bebê que ela carrega no ventre é um amor verdadeiro e intenso entre dois seres humanos que se comunicam desde os primeiros momentos da concepção para promover a adaptação mútua, à medida que o bebê cresce e se desenvolve. É por isso que em muitas áreas cresce a preocupação com o aumento das chamadas terapias pré-natais que visam selecionar e descartar crianças afetadas por diversas patologias sob o pretexto da prevenção. O ensinamento da Igreja sobre esse ponto é claro: a vida humana é sagrada e inviolável, e o uso do diagnóstico pré-natal para fins seletivos deve ser fortemente desaconselhado, porque expressa uma mentalidade eugenista desumana que priva as famílias da possibilidade de acolher, abraçar e amar os seus filhos mais vulneráveis.

Assim como precisamos que os agentes públicos trabalhem ativamente para promover políticas que visem incentivar a natalidade, também é necessário o compromisso com a proteção dos direitos dos mais vulneráveis e com a erradicação da cultura do descarte.

Infelizmente, nos últimos anos, também se difundiu outra prática que, em nome dos supostos direitos de uma minoria, reproduz modelos coloniais e escravistas nos corpos de milhares de mulheres, privando-as de toda dignidade. Estou falando da barriga de aluguel.

A posição do Vaticano sobre esse ponto é clara, como recordei recentemente ao falar com embaixadores de todo o mundo: "O caminho da paz exige o respeito pela vida, por toda a vida humana, a começar pela do nascituro no ventre da mãe, que não pode ser suprimida nem se pode tornar objeto de tráficos ilícitos". Por isso, reitero mais uma vez a condenação absoluta dessa prática que, "com gravidade, lesa a dignidade da mulher e do filho. Baseia-se na exploração de uma situação de necessidade material da mãe".[11] Somos movidos pela crença humana de que um filho é sempre um presente e nunca o objeto de um contrato, e por essa razão eu me junto aos pedidos de alguns governos para que a barriga de aluguel seja considerada um crime universal.

Embora alguns países tentem transformá-la em um mercado lucrativo, não podemos pensar que exista uma barriga de aluguel "eticamente limpa" quando crianças são comercializadas. As mulheres que entram na chamada indústria reprodutiva, carregando no ventre filhos de outras pessoas, são exploradas mental e fisicamente. A maioria delas vem de origens pobres ou de países periféricos e é forçada pela necessidade econômica a vender o próprio corpo para depois ver a criança que trouxe ao mundo ser levada por outras mulheres que,

---

11. FRANCISCO, *Discurso aos membros do corpo diplomático acreditado junto à Santa Sé para as felicitações de ano novo*, 8 de janeiro de 2024.

em sua maioria, vêm de ambientes ricos e de países centrais.

Dessa forma, estão sendo repropostos modelos coloniais e escravistas que acreditávamos terem sido erradicados de grande parte do mundo.

Essas ameaças não nos devem distrair de levar a cabo, enquanto Igreja, uma pastoral que acompanhe e cure as feridas de todas as mulheres que fizeram um aborto ou foram vítimas desta nova forma de escravatura moderna que é a barriga de aluguel, a quem devemos sempre proporcionar conforto.

Elas foram, são e serão os rostos da esperança. São, além disso, as verdadeiras vítimas dessa problemática. Por isso não devemos desviar a rota da nossa pastoral, orientada por "um sinal que nunca deve faltar: a opção pelos últimos, por aqueles que a sociedade descarta e lança fora" (EG 195). Devemos nos perguntar se, como Igreja, estivemos à altura da tarefa de acompanhar adequadamente as mulheres que passam pela experiência do aborto, sobretudo aquelas que vivem em contextos vulneráveis.

Não podemos reduzir tudo isso a uma questão de conceder ou não perdão. Essas mulheres são, antes de tudo, vítimas: devemos, portanto, acompanhá-las. "É preciso estar no confessionário e lá não devo punir nada, mas dar consolação. Por isso, abri a faculdade de absolver [do pecado de] o aborto por misericórdia, porque muitas vezes – antes, sempre – devem encontrar-se com seu filho. E com frequência, vendo-as chorar e carregar esta angústia, aconselho: 'O teu filho está no céu, fala com ele, canta-lhe a canção de embalar que não cantaste, que não pudeste cantar-lhe'. E nisto encontra-se uma via de reconciliação da mãe com o filho. Com Deus, já existe: é o perdão de Deus."[12]

Conforme nos aproximamos do Jubileu da Esperança, eu gostaria de recordar o que foi estabelecido sobre esse ponto para o Ano Santo da misericórdia de 2016, quando ofereci escuta e perdão a todas as mulheres que quisessem confessar-se por terem recorrido ao aborto, sem necessidade de autorização prévia do bispo da diocese. Para nós continua sendo um pecado, mas "posso e devo afirmar que não existe algum pecado que a misericórdia de Deus não possa alcançar e destruir, quando encontra um coração arrependido que pede para se reconciliar com o Pai".[13]

Ao mesmo tempo, demos passos decisivos para que mães solos que escolheram ter seus filhos fora do casamento não sejam mais impedidas de acessar os sacramentos. Assim como somos chamados a acompanhar melhor as mulheres que decidiram abortar e a abrir-nos ao perdão delas, também é necessário que abandonemos os formalismos rígidos para cuidarmos daquelas que

---

12. FRANCISCO, *Coletiva de imprensa durante o voo de retorno do Panamá*, 27 de janeiro de 2019.
13. FRANCISCO, carta apostólica *Misericordia et misera*, 20 de novembro de 2016.

decidiram levar adiante a sua gravidez mesmo em meio a um mar de dificuldades.

Nesse contexto, o Dicastério para a doutrina da fé foi claro quando pediu pelo fim da hipocrisia de negar os sacramentos a qualquer mulher que tenha a coragem de prosseguir com a gravidez, ignorando os cantos das sereias do aborto.[14]

A dignidade de toda pessoa é inviolável, independentemente de qualquer circunstância. Todo ser humano faz parte de um plano de amor de um Deus Pai que lhe deu a vida gratuitamente. É assim que viemos ao mundo desde o momento em que nossa mãe nos espera em seu ventre com esperança. E, enquanto filhos, todos nós fomos receptores desse olhar no ventre da mãe. Agora cabe a nós nos tornarmos peregrinos da esperança para levá-la a toda a humanidade, começando pelas nossas casas, pelo amor familiar que nos cerca.

A DIGNIDADE DA MULHER

O respeito pela dignidade de todos é um tema central no cristianismo, pois a vida de cada pessoa é sagrada

---

14. Cf. DICASTÉRIO PARA A DOUTRINA DA FÉ, *Carta a S.E. Dom. Ramón Alfredo de la Cruz Baldera, bispo de San Francisco de Macorís (República Dominicana) sobre o acesso das mães solteiras à Comunhão eucarística*, 13 de dezembro de 2023.

por ter sido criada à imagem de Deus (Gênesis 1,26-27). Essa dignidade idêntica se aplica tanto a homens como a mulheres.

Há quase trinta anos, foi assinada a Conferência de Pequim sobre as mulheres, convocando-as a desempenhar papel importante em todos os níveis da sociedade, a assumir corajosamente as rédeas e dar sua contribuição insubstituível ao serviço do bem comum. No entanto, até hoje nos entristece ver que em muitas latitudes, em demasiadas situações e em inúmeros países há mulheres que são deixadas para trás e são vítimas de escravidão, tráfico, violência, exploração e imposições degradantes.

Não nos cansaremos nunca de lutar até que tenham a dignidade que merecem. Infelizmente, constatamos que, "apesar dos compromissos assumidos por todos os Estados de respeitar os direitos humanos e as liberdades fundamentais de cada pessoa, ainda hoje, em muitos países, as mulheres são consideradas cidadãos de segunda classe".[15] Ainda há muito a ser feito para passar das palavras à ação, para pôr fim às violências e aos abusos a que são submetidas e permitir-lhes pleno acesso à possibilidade de estudar, de trabalhar e de expressar suas habilidades.

Gostaria de reiterar mais uma vez minha rejeição absoluta a qualquer forma de discriminação contra as

---

15. FRANCISCO, *Discurso aos membros do corpo diplomático acreditado junto da Santa Sé para as felicitações de ano novo*, 9 de janeiro de 2023.

mulheres. Devemos praticar a igualdade total. E se esse processo foi por vezes "adormecido" pelos homens responsáveis por governar, mais ainda é preciso estudar, sempre que necessário, a introdução de quotas mínimas (a chamada discriminação positiva) para garantir uma plena igualdade de oportunidades e permitir que a humanidade percorra um verdadeiro caminho de todos juntos, integrando todos. Inúmeros estudos mostram que as mulheres são as que mais sofrem com o impacto da pobreza, da exploração, da falta de educação e de assistência médica, para citar alguns indicadores.

Todos esses fatores fazem com que seja impossível se iludir quanto à existência de igualdade entre mulheres e homens desde o início, em termos de trabalho ou carreira acadêmica, como afirmam alguns discursos de extrema meritocracia. Essas lacunas na origem aumentam ainda mais quando, além disso, as mulheres são pobres ou negras.

Muitas formas de pobreza e privação afetam particularmente as mulheres. São elas que, especialmente em contextos de fragilidade econômica e de falta de educação, correm maior risco de sofrer abuso sexual e casamento infantil. Que esperança podemos ter em um mundo onde as pessoas encarregadas de dar à luz seus futuros habitantes são maltratadas?

Esse tema não permite nenhuma mesquinharia política ou ideológica. Não há "ismos" que forneçam uma desculpa válida para defender ou justificar o machismo desenfreado que pode não apenas levar ao assassinato, mas atropelar a dignidade das mulheres. É uma questão de humanidade.

A presença das mulheres na sociedade faz bem a todos. Lembremos que "a humanidade sem a mulher permanece sozinha. Uma cultura sem a mulher permanece sozinha. Onde não há mulher, há solidão, solidão árida que gera tristeza e todo o tipo de dano para a humanidade. Onde não há mulher, há solidão".[16]

Certas situações nos levam a perguntar se a identidade antropológica das mulheres não está exposta a um duplo perigo: por um lado, tenta-se negá-la para impedir a efetiva promoção do seu papel na sociedade, que não pode permanecer uma mera letra morta em dezenas de acordos internacionais, mas deve ser para todos nós um imperativo moral. Por outro lado, a identidade feminina corre o risco de ser explorada como objeto de disputas políticas e ideológicas, muitas vezes concebidas por círculos intelectuais que ignoram a beleza com que foi criada e, favorecendo um falso progressismo, tentam apagar todas as suas diferenças em relação aos homens.

O homem e a mulher "não são iguais, um não é superior ao outro, não. É simplesmente que o homem não traz harmonia: é ela que traz aquela harmonia que

---

16. FRANCISCO, *Discurso na Assembleia geral da União mundial das organizações femininas católicas (Umofc)*, 13 de maio de 2023.

nos ensina a acariciar, a amar com ternura e que faz do mundo uma coisa bonita".[17] Precisamos dessa harmonia para combater a injustiça, a ganância cega que prejudica as pessoas e o meio ambiente, e a guerra injusta e inaceitável. Quando homens e mulheres trabalham juntos, produzem-se resultados imediatos: nos lugares onde há maior igualdade de acesso a áreas como educação e trabalho, são evidentes "as vantagens associadas à sua maior valorização nos campos da economia, da política e da sociedade".[18]

As mulheres já são atrizes centrais nos espaços de poder que conseguiram acessar. Estou convencido de que se pudessem desfrutar plenamente da igualdade de oportunidades, fariam uma contribuição inesgotável para um mundo melhor.

Mesmo antes da pandemia, que nos deu exemplos concretos do valor da liderança feminina (penso em algumas chefes de Estado, gestoras de saúde, responsáveis por instituições prisionais), era claro que as mulheres tornam o mundo mais bonito, protegem-no e mantêm-no vivo.

---

17. FRANCISCO, *A mulher é a harmonia do mundo*, homilia na capela da Casa Santa Marta, 9 de fevereiro de 2017.
18. FRANCISCO, Prefácio ao livro *Più leadership femminile per un mondo migliore. Il prendersi cura come motore per la nostra casa comune* ("Mais liderança feminina para um mundo melhor: o cuidado como motor para a nossa casa comum"), Vita e Pensiero, Milão 2023.

Pensemos nos conflitos internacionais em curso, que semeiam medo e terror nos cinco continentes. Em pouquíssimos casos as mulheres estão envolvidas em fomentar a discórdia dentro da grande família humana. A paz nasce e renasce pela ternura das mães. Portanto, o sonho de um mundo com menos conflitos pode se tornar realidade quando olhamos para as mulheres.

Isso não significa que os homens devam "olhar para o outro lado" quando confrontados com ações domésticas, políticas ou sociais que estão mais intimamente associadas a certos estereótipos comportamentais. Penso, por exemplo, nas ocupações intrafamiliares. Os homens também são chamados a dedicar-se à educação dos filhos e ao cuidado daqueles que não são capazes de prover a sua subsistência no seio da família, numa harmonia com as mulheres que dê a ambos o espaço adequado para se dedicarem ao próprio crescimento e à própria formação.

IGREJA, SANTA SÉ E MULHER

A Igreja também pode se beneficiar da valorização da mulher, como eu disse no encerramento do sínodo dos bispos da região pan-amazônica: "ainda não percebemos o significado da mulher na Igreja, e é por isso que ficamos apenas na parte funcional […]. Mas o papel das mulheres na Igreja vai muito além da funcionalidade.

E é nisto que temos de continuar a trabalhar. Muito mais".[19]

Sabemos que ainda hoje, como acontece em toda a sociedade, persistem na Igreja "atitudes machistas e ditatoriais" daqueles ministros que "exageram no seu serviço e maltratam o povo de Deus".[20] Estamos, porém, fazendo tudo o que podemos para combater e erradicar tais atitudes e práticas.

Para nós, esse compromisso não é uma novidade. Desde o início, Jesus acolheu as mulheres como discípulas, algo nunca visto antes na sociedade daquele tempo. Recordemos que Maria, sua mãe, ocupou um lugar preponderante entre os apóstolos e na comunidade primitiva, como atestam os Evangelhos. A outra mulher, Maria Madalena, o filho de Deus confiou a missão de anunciar aos irmãos a sua ressurreição.

Ao longo dos séculos, mulheres do calibre de Teresa de Ávila, Catarina de Siena e Teresa de Lisieux trouxeram um forte dinamismo espiritual ao catolicismo e são reconhecidas como "doutoras da Igreja".

Além disso, na nossa doutrina se afirma que "o gênio feminino é necessário em todas as expressões da

---

19. FRANCISO, *Discurso de conclusão dos trabalhos da Assembleia especial do Sínodo dos bispos para a região pan-amazônica sobre o tema "Novos caminhos para a Igreja e para uma ecologia integral"*, 26 de outubro de 2019.
20. FRANCISCO, *Discurso na XVI Assembleia geral ordinária do Sínodo dos bispos*, 25 de outubro de 2023.

vida social, por isso deve ser garantida a presença das mulheres também no âmbito do trabalho" (CDS 295).

A dignidade e a igualdade na diversidade para as mulheres é uma reivindicação histórica da Igreja e do povo de Deus. Há incompatibilidade entre ser cristão e não respeitar as mulheres (cf. DI).

Não sou o primeiro, mas gostaria de ser o último papa a ter de afirmar mais uma vez que um mundo melhor, mais justo, mais inclusivo e plenamente sustentável não pode ser alcançado sem a contribuição das mulheres.

Essa é a nossa convicção, com a qual renovamos o convite a desmasculinizar a Igreja.

A Igreja é mulher. Por isso, nas reuniões com o conselho consultivo de cardeais conhecido como C9, que me ajuda na reforma da Igreja, incluímos também o tema da dimensão feminina da Igreja de um ponto de vista teológico. Sabemos bem que o tempo é maior que o espaço e que esse será um processo longo, mas isso não nos faz perder de vista a importância de abrir o trabalho às mulheres na cúria.

Nesses quase doze anos como papa, procurei favorecer a entrada de mulheres na cúria romana e no Vaticano. Mas isso está longe de ser uma linha de chegada, pelo contrário, deve ser considerado uma base para continuar promovendo sua inclusão. A inclusão das mulheres não é uma moda feminista ou um retoque sugerido por especialistas em relações públicas. É um ato de justiça que, culturalmente, havia sido deixado de lado.

Sinto o compromisso comigo mesmo e com a sociedade para continuar o caminho de São Paulo VI, o primeiro papa a nomear uma mulher para um alto cargo na cúria: foi a australiana Rosemary Goldie, em 1967. Já preparamos o quadro jurídico que permitirá a uma mulher, em um futuro mais próximo do que distante, assumir a liderança de um organismo da cúria: com a constituição apostólica *Praedicate Evangelium* de 2022, foi estabelecido que no futuro os leigos, e, portanto, também as mulheres, poderão liderar um dicastério, cargo anteriormente reservado a cardeais e arcebispos. Nessa mesma linha, desde 2023, as mulheres que participam dos sínodos dos bispos têm direito ao voto, além de voz na assembleia.

A dignidade das mulheres é inquestionável. É por isso que, como Igreja, não apenas pedimos ações concretas dos setores público e privado, mas estamos tentando tomar medidas que compensem os anos de inércia. Queremos multiplicar a esperança. Peregrinemos juntos em direção a uma maior igualdade para as mulheres.

NÃO À VIOLÊNCIA CONTRA AS MULHERES

Qualquer referência à dignidade das mulheres deve incluir uma demanda firme, decisiva e global pelo fim da violência contra elas. Não podem ser usados eufemismos ao denunciar que tal violência é uma ferida aberta resultante de uma cultura de opressão patriarcal e machista. Precisamos encontrar a cura para erradicar essa praga e não as deixar sozinhas.

A violência contra as mulheres é uma erva venenosa que aflige a nossa sociedade e que deve ser eliminada pelas suas múltiplas raízes culturais e mentais, que crescem no solo do preconceito, da posse e da injustiça.[21]

A agressão e o assassinato de mulheres são a face mais selvagem de uma concepção que considera legítimo reprimi-las, objetificá-las e despojá-las de toda dignidade.

O único modo de pôr fim a essa situação é um verdadeiro e efetivo envolvimento de toda a sociedade. Penso nas famílias, ponto de partida da educação, nas quais deve ser inspirado desde os primeiros anos de vida o respeito ilimitado pela dignidade da mulher.

Penso também na mídia e no papel dela na filtragem de mensagens de violência, tanto em referências simbólicas quanto na imposição de supostos ideais de beleza que, em muitos casos, são autodestrutivos; e, concretamente, na disseminação de mensagens de ódio e assédio apenas pelo fato de serem mulheres.

---

21. Cf. FRANCISCO, *Mensagem para a campanha nacional de combate à violência contra as mulheres, organizada pela Rai Radio1 Gr1 & Cadmi D.I.Re*, 27 de outubro de 2023.

Uma atenção especial deve ser dada às redes sociais e aos espaços de intercâmbio digital, onde, muitas vezes de forma anônima, são divulgadas mensagens agressivas sobre a dignidade das mulheres, a fim de desacreditá-las no debate público. Sei que muitos tribunais já estão tomando medidas exemplares contra aqueles que praticam assédio sistemático nas redes sociais em relação a questões de gênero, o que afeta o desenvolvimento profissional, a saúde mental e a liberdade de expressão. Isso é ainda mais grave quando esses crimes são cometidos sob a proteção de potentados que querem disciplinar as vozes críticas.

Penso ainda na obrigação que os homens têm "de redescobrir formas de relações justas e equilibradas, baseadas no respeito e reconhecimento mútuos".[22] O amor é beleza, não pode jamais ser violência.

A solução deve ser abrangente, sem "se" e sem "mas", porque os fatores que dão origem a essa situação são abrangentes. Vemos com preocupação quantas vezes as mulheres não só se encontram sozinhas em determinadas situações de violência, mas depois, quando o caso é denunciado, não obtêm justiça ou o tempo para chegar lá é longo demais. Em não poucos casos as denúncias delas não são levadas a sério pela polícia ou, pior ainda, há tentativas de inverter o ônus da prova, buscando justificar situações de abuso ou violência por meio de

---

22. *Ibid.*

atitudes, palavras ou até mesmo da vestimenta das vítimas. Essa atitude, digo a todos os homens do mundo, é verdadeiramente covarde.

Em muitos lugares as mulheres ainda são tratadas como material de descarte, vítimas de todo tipo de violência. Há países onde elas são proibidas de conseguir ajuda para iniciar um negócio ou para ir à escola. Nesses lugares, inclusive, com frequência são impostas leis que as obrigam a se vestir de determinada maneira ou que permitem até mesmo as mutilações genitais.[23]

Visitando a Amazônia peruana, afirmei que "não podemos 'olhar como normal' a violência, tomá-la como uma coisa natural. Não, não se 'considere normal' a violência contra as mulheres, mantendo uma cultura machista que não aceita o papel de protagonista da mulher nas nossas comunidades. Não nos é lícito virar a cara para o outro lado, irmãos, e deixar que tantas mulheres, em especial adolescentes, sejam 'espezinhadas' na sua dignidade".[24]

Além disso, é necessária, e se torna cada vez mais urgente no contexto da fragmentada Terceira Guerra Mundial em que estamos imersos, uma firme condenação da violência sexual usada como arma de guerra. O problema é que se justo nos países do chamado

---

23. Cf. FRANCISCO, *Videomensagem com intenção de oração*, 2 de abril de 2024.
24. FRANCISCO, *Encontro com a população*, Puerto Maldonado, Peru, 19 de janeiro de 2018.

"primeiro mundo", com elevado índice de desenvolvimento econômico, são registrados os maiores picos de violência e feminicídio, como podemos esperar que a loucura da guerra não seja usada como desculpa para continuar a desprezar a dignidade feminina?

Irmãos e irmãs, toda construção de paz, toda referência à esperança da humanidade deve ter como pilar não só a dignidade, mas também a proteção integral das mulheres. São elas, lembremos, que esperarão em seus ventres por aqueles que nos seguirão.

2
O ROSTO DE UM POBRE

A esperança pertence aos pobres. Não é uma virtude para quem tem a barriga cheia. Ela não tem lugar na vida daqueles que se apegam ao bem-estar material ou que se empolgam apenas por terem "experiências" que destacam o espírito hedonista e individualista que permeia grande parte do mundo de hoje.

"Os pobres são os primeiros portadores de esperança."[1] E isso também os torna protagonistas da História. Eles não são contaminados por uma das maiores desgraças que podem acontecer na vida, a de ter tudo.

Quem é estático como água parada não tem esperança. São os pobres que, como Abraão fez "contra toda esperança", esperam ser enriquecidos por uma das maiores alegrias do mundo: o desejo de mudança. Os nossos pobres, com tão poucos recursos materiais a que se agarrar,

---

1. FRANCISCO, *Audiência geral*, 27 de setembro de 2017.

são os protagonistas das "alegrias mais belas e espontâneas, que vi ao longo da minha vida" (EG 7).

A pobreza se apresenta a nós diariamente, desafiando-nos "com os seus inúmeros rostos marcados pelo sofrimento, pela marginalização, pela opressão, pela violência, pelas torturas e a prisão, pela guerra, pela privação da liberdade e da dignidade, pela ignorância e pelo analfabetismo, pela emergência sanitária e pela falta de trabalho, pelo tráfico de pessoas e pela escravidão, pelo exílio e a miséria, pela migração forçada".[2] Por isso dizemos que a esperança está naquela pobreza que tem o rosto "de mulheres, homens e crianças explorados para vis interesses, espezinhados pelas lógicas perversas do poder e do dinheiro".[3]

As bem-aventuranças já nos indicam o caminho, pois se abrem com a expressão: "Felizes vós, os pobres" (Lucas 6,20). Hoje e sempre "os pobres são os destinatários privilegiados do Evangelho" (EG 48).

Os pobres são o nosso povo, os portadores da confiança no Senhor. É essa certeza de não ser abandonado que convida à esperança. O pobre sabe que Ele não o abandonará e por isso vive sempre na presença daquele Deus que se lembra dele.

---

2. FRANCISCO, *Mensagem para o Dia mundial dos pobres*, 19 de novembro de 2017.
3. *Ibid.*

Com essas palavras não quero ser "pauperista", adjetivo frequentemente usado por aqueles que nunca estenderam a mão a uma pessoa necessitada. Não. "Um Papa ama a todos, ricos e pobres, mas tem a obrigação, em nome de Cristo, de lembrar que os ricos devem ajudar os pobres, respeitá-los e promovê-los" (EG 58). A obrigação é dupla, para não dizer ontológica, se esse homem rico se diz cristão.

Por isso, desde o meu primeiro contato como pontífice com jornalistas de todo o mundo, eu quis fazê-los compreender "como eu queria uma Igreja pobre e para os pobres".[4]

Não é um capricho meu. É no Evangelho que encontramos os maiores exemplos da centralidade que devemos aos pobres na nossa Igreja e de como é neles que podemos encontrar a verdadeira esperança cristã.

Quando São Paulo se dirigiu aos apóstolos em Jerusalém "a fim de não correr, nem ter corrido em vão" (Gálatas 2,2), o critério-chave de discernimento e autenticidade que lhe indicaram foi o de não esquecer os pobres (cf. *ibid.* 2,10). Foi justamente essa frase que o saudoso irmão Claudio Hummes sussurrou em meu ouvido quando eu tinha acabado de ser eleito papa, e foi decisiva para que eu adotasse o nome de Francisco.

---

4. FRANCISCO, *Audiência com jornalistas*, 16 de março de 2013.

Já na exortação *Evangelii gaudium* recordei que esse "critério, importante para que as comunidades paulinas não se deixassem arrastar pelo estilo de vida individualista dos pagãos, tem uma grande atualidade no contexto atual em que tende a desenvolver-se um novo paganismo individualista" (EG 195). Se os pobres são a esperança de Deus, quem é que – salvo poucos –, por outro lado, deposita a sua esperança no "deus do mercado", no "deus do dinheiro" e nas outras falsas ilusões que um sistema cada vez mais injusto e letal projeta sobre nós?

No Evangelho, os pobres e os vulneráveis não são objetos. Eles são sujeitos, protagonistas junto a Jesus do anúncio do Reino de Deus. Segundo as palavras do meu amado predecessor São Paulo VI, todos esses pobres pertencem à Igreja por "direito evangélico".[5] Foi o próprio Deus que "se fez pobre" (2 Coríntios 8,9), e daí vem a nossa opção preferencial. Por isso, devemos estender a mão a eles não apenas para ajudá-los a se levantar, mas também para caminhar sempre juntos, entre eles (cf. Eclesiástico 7,32).

Nunca será lembrado o suficiente que, "para a Igreja, a opção pelos pobres é mais uma categoria teológica que cultural, sociológica, política ou filosófica" (EG 198).

Não só o mundo cria cada vez mais pobres como também assistimos à multiplicação dos discursos de ódio

---

5. PAULO VI, *Discurso na solene inauguração da segunda sessão do Concílio ecumênico Vaticano II*, 29 de setembro de 1963.

contra eles, o que depois leva a agressões físicas e à invisibilidade, e, nos casos mais extremos, faz com que sejam abandonados à própria sorte até a morte. Tanto é verdade que existe um neologismo, "aporofobia", para classificar essas atitudes de ódio contra eles. Nunca nos cansaremos de dizer que eles são a primeira opção para a Igreja, mas muitas vezes parecem ser a última prioridade para a política. Além disso, eles têm muito a nos ensinar porque, "numa cultura que colocou a riqueza em primeiro lugar e que sacrifica muitas vezes a dignidade das pessoas no altar dos bens materiais, eles remam contra a corrente, tornando claro que o essencial da vida é outra coisa".[6]

Em várias regiões, está ganhando força a ideia de que os pobres não são apenas responsáveis pela própria condição, mas que – segundo essas visões – eles constituem um fardo insuportável para um sistema econômico que coloca em seu centro os interesses de algumas categorias privilegiadas. Isso é afirmado como se muitos dos que hoje desfrutam de uma posição confortável não tivessem chegado a tais postos por terem frequentado escolas e universidades públicas ou desenvolvido determinados conhecimentos científicos graças a fundos estatais ou a certos sistemas de impostos e deduções fiscais. Mas ninguém acusa os mais ricos de serem um fardo para o Estado.

---

6. FRANCISCO, *Mensagem para o VIII Dia mundial dos pobres*, 13 de junho de 2024.

É necessário que a política retome seu desejável papel de guia e controle das forças do mercado e se atenha a diretrizes éticas determinadas a evitar a ocorrência de condições desumanas em detrimento de pessoas já em situações precárias.

Sabemos que existem agentes econômicos e financeiros inescrupulosos, desprovidos de sentido humanitário e de responsabilidade social. Não vamos fingir que não vemos nada: um estilo de vida individualista é cúmplice da geração da pobreza e muitas vezes coloca toda a responsabilidade pela sua condição sobre os pobres. Não devemos aceitar passivamente o que acontece ao nosso redor, pois essa atitude permite o crescimento das desigualdades e das injustiças sociais. Ser peregrinos de esperança significa estender a mão aos pobres, olhá-los nos olhos e acolhê-los.

Mais uma vez "invoco a esperança para os milhares de milhões de pobres, a quem muitas vezes falta o necessário para viver. Face à sucessão de renovadas vagas de empobrecimento, corre-se o risco de nos habituarmos e resignarmos. Mas não podemos desviar o olhar de situações tão dramáticas, que se veem já por todo o lado, e não apenas em certas zonas do mundo" (SNC 15).

A aparência de uma fachada democrática é cada vez mais insustentável quando seus pilares são corroídos dia após dia pelo clamor desesperado de milhões de irmãos e irmãs que não têm o essencial para um desenvolvimento humano digno e integral. A exclusão daqueles que têm menos e a culpabilização deles pela sua pobreza mina o próprio conceito de democracia, e, nesse contexto, qualquer política social está fadada ao fracasso.

Os pobres têm uma esperança que "jamais se frustrará" (Salmos 9,19). No entanto, eles são atacados e culpabilizados e não conseguem mais viver sua pobreza em paz. Vemos como em muitos países o consumo dos que menos têm é medido ao milímetro, enquanto ao mesmo tempo a política e as instituições fazem vista grossa ao comportamento dos mais ricos. Isso acontece até mesmo em muitos setores que se dizem progressistas ou que deveriam ter uma perspectiva mais humana. Aos pobres não são mais permitidos "o medo ou o desânimo: apenas porque pobres, serão tidos por ameaçadores ou incapazes".[7]

Eles são, acima de tudo, nossos irmãos e irmãs. E são tão capazes quanto qualquer outra pessoa. Podem seguir o próprio caminho se lhes estendemos a mão ou se aqueles com responsabilidades sociais finalmente os considerarem uma opção preferencial. São a pedra angular sobre a qual construir novas sociedades baseadas na fraternidade e na amizade social. Os pobres não devem ser vistos apenas como destinatários do voluntariado, de uma coleta anual ou de ações individuais

---

7. FRANCISCO, *Mensagem para o III Dia mundial dos pobres*, 17 de novembro de 2019.

que muitas vezes visam mais aliviar a consciência de quem as realiza. Ajudar o próximo não é doar sobras.

Os pobres adquirem a verdadeira esperança não quando nos veem satisfeitos por lhes termos dado um pouco do nosso tempo, mas quando reconhecem no nosso sacrifício um ato de amor gratuito que não busca recompensa.

A grande maioria é vítima de políticas financeiras e econômicas. Há muito dinheiro concentrado nas mãos de poucos e muita pobreza nos ombros dos outros. Cada vez mais, e de uma forma cada vez mais obscena, os pobres são muito mais numerosos que os ricos. Nos últimos anos, e é um fenômeno agravado em muitos países pela crise induzida pela pandemia do coronavírus, assistimos a um crescimento exponencial no número de pessoas com dificuldades para sobreviver. Os pobres são o rosto da esperança, mas a pobreza marca cada vez mais rostos.

Uma das grandes mudanças desta era é que não basta mais fazer parte do grupo de assalariados formais, cada vez menos numerosos, que trabalham oito ou nove horas por dia para ganhar uma renda mínima decente. Hoje, a pobreza afeta cada vez mais as pessoas que pertencem ao que antes conhecíamos como "classe média". E é por isso quero aproveitar estas páginas para pedir perdão a todas as pessoas que se consideram parte da classe média mundial e sentem que não falo sobre a situação delas com a frequência que deveria. Penso, em particular, naqueles que têm de fazer mais sacrifícios para chegar ao fim do mês, naqueles que têm de pagar aluguéis altíssimos e, ao mesmo tempo, veem os preços dos alimentos e dos serviços públicos subirem, naqueles que não conseguem reservar algum dinheiro, naqueles que talvez deixem aos seus filhos uma situação pior do que aquela que receberam. Eu não vos esqueci, estou perto de vós e vossas preocupações são minhas. Muitos estudos mostram que a classe média nesse contexto encolheu e que há uma grande polarização entre ricos e pobres. Talvez tenha sido isso que me fez ignorar alguns dos vossos problemas. Vós me ouvis falar cada vez mais em favor dos nossos irmãos pobres porque a situação deles é cada vez mais grave e eles são cada vez mais numerosos, mas eu quero assegurar-vos de que para mim os trabalhadores, que continuam sendo o sustentáculo de muitos países, têm um grande valor e que eu não me esqueço de vós. Até vossos rostos sofridos são esperança.

As profundas mudanças na economia global, aliadas à crescente ganância de parte do setor financeiro, tornaram ineficazes as estruturas de contenção onde muitos acreditavam encontrar uma espécie de amortecedor em caso de crise. Isso tem sido visto em muitas cozinhas comunitárias da Caritas e em outras instituições eclesiais em todo o mundo.

Cada vez que muitos perdem, é porque há poucos que ganham. A crise econômica não impediu que muitos grupos de pessoas enriquecessem, e esse fato é ainda mais impressionante se observarmos nas ruas de nossas cidades quão grande é o número de pessoas pobres que não têm o necessário.

Entre essas novas realidades que remontam a um sistema marcado por uma economia que mata está a chamada "gentrificação", que agravou o já premente problema habitacional em muitas cidades do mundo.

As políticas de habitação urbana que permitiam o fornecimento de moradia a milhares de trabalhadores e residentes de grandes cidades deram lugar a uma corrida voraz das forças de mercado para transformar em espaços de luxo para poucos o que antes eram verdadeiras comunidades para todos. Cada vez mais áreas das principais cidades estão se tornando "centros da moda", diminuindo os espaços daqueles que historicamente viveram ali. Os habitantes originais são transferidos de modo gradual e o lugar muda por completo.[8]

"Vivemos em cidades que constroem torres, centros comerciais, fazem negócios imobiliários, mas abandonam uma parte de si às margens, nas periferias."[9] É doloroso ver como a suposta "mão invisível" do mercado acaba sendo o braço executivo de setores cada vez mais restritos que buscam converter o direito a um teto digno em apenas mais uma variável de especulação.

---

8. Cf. LESLIE KERN, *La gentrificazione è inevitabile e altre bugie* (*A gentrificação é inevitável a outras mentiras*), Treccani, Roma 2022.

9. Cf. FRANCISCO, *Discurso aos participantes no encontro mundial dos movimentos populares*, 28 de outubro de 2014.

Os tratores que demolem casas precárias ou que não se adaptam aos novos parâmetros das modas urbanas fazem-nos pensar, na sua dimensão mais crua, que estamos vivendo uma das fases mais cruéis da Terceira Guerra Mundial fragmentada desta época: a guerra contra os pobres. Mas também a vemos em outras formas mais sutis com que se processa o despejo forçado de famílias que vivem há anos nos bairros onde cresceram, como o aumento das rendas sem controle estatal, que em nome de uma suposta liberdade do mercado leva milhões de pessoas a acabarem na rua.

O deslocamento forçado dos pobres e dos trabalhadores para as periferias não só tem um impacto direto, na medida em que os obriga a viver a maiores distâncias dos seus locais de trabalho, como também resulta na perda de valores comunitários e de ambientes amigáveis para as crianças, as famílias e os idosos.

Nos é apresentado um horizonte de cidades que oferecem inúmeros prazeres e bem-estar a uma minoria feliz, enquanto os habitantes antigos que não conseguem acompanhar o aumento exponencial do custo da moradia são "varridos para debaixo do tapete". Assim, perdem-se valores que já estavam esquecidos nos centros enriquecidos, como a partilha do espaço público e a proliferação de lugares que conectam, relacionam e estimulam o reconhecimento do outro.

Esse processo é ainda mais doloroso se observarmos que, em muitas ocasiões, esses "booms" de construção que visam exterminar os pobres das nossas cidades não são nada além do que o método mais simples encontrado por algumas formas de crime transnacional para investir seu dinheiro sujo e "lavá-lo". Façamos um apelo à responsabilidade, não só moral, mas também legal, dos empresários que se prestam a essas manobras em detrimento da segurança habitacional de milhares de pessoas no mundo.

Outro dado preocupante em relação ao número de pessoas que caem na pobreza é o ressurgimento, mais agressivo e voraz do que nunca, de um mal antigo como a usura.

A recente pandemia de coronavírus infelizmente trouxe de volta aos holofotes essa dramática praga social que forçou muitas famílias a ficar sem comida para pagar os agiotas que se multiplicaram no momento mais difícil do fechamento dos locais de trabalho.

Não só não é cristão como é desumano forçar um irmão ou irmã a renunciar a bens de primeira necessidade para pagar dívidas, muitas vezes contraídas "com uma faca no pescoço" de desespero, para alimentar uma família ou pagar remédios.

A usura, a forma extrema do capitalismo selvagem, humilha e mata. É "um mal antigo e infelizmente ainda submerso que, como uma serpente, estrangula as vítimas. É necessário preveni-la, libertando as pessoas da patologia da dívida, contraída para a subsistência ou para salvar a empresa".[10] Por exemplo, algumas vozes levantam a necessidade de os governos tomarem medidas para conter as taxas de juros dos empréstimos bancários solicitados por famílias carentes e de classe média: para elas, por vezes, endividar-se é a única forma de pôr comida na mesa todos os dias. O mesmo vale para o aumento da regulamentação das instituições financeiras que, muitas vezes por meio de fraude, criam armadilhas de dívidas astronômicas ao especular sobre as necessidades urgentes de muitas pessoas.

MOBILIZAR A POLÍTICA PARA MUDAR A ECONOMIA

Nesse contexto social de multiplicação da pobreza, ser peregrinos de esperança deve nos convocar a fazer com que a política tome as rédeas da economia e que nos organizemos junto aos pobres para tirar todos nós dessa situação.

À política, digo: "Nunca afastes de algum pobre a tua face" (Tobias 4,7). Defender os pobres não significa ser comunista, mas sim o centro do Evangelho, tanto que seremos julgados por isso. E "cada um deles é nosso próximo. Não importa a cor da pele, a condição social, a proveniência".[11]

---

10. FRANCISCO, *Discurso aos membros da Consulta nacional italiana antiusura*, 3 de fevereiro de 2018.
11. FRANCISCO, *Mensagem para o VII Dia mundial dos pobres*, 19 de novembro de 2023.

Renovo, então, o pedido de um "sério e eficaz empenho político e legislativo" que ajude a "estimular e fazer pressão para que as instituições públicas cumpram do melhor modo possível o seu dever. Mas não adianta ficar passivamente à espera de receber tudo 'do alto'. E, quem vive em condição de pobreza, seja também envolvido e apoiado num processo de mudança e responsabilização".[12]

Me vem à mente a figura do sacerdote Dom Lorenzo Milani, quando faz o protagonista de *Carta a uma professora* dizer: "Aprendi que o problema dos outros é igual ao meu. Sair dele juntos é a política. Sair dele sozinho é a avareza".[13]

A mudança não acontecerá se nos limitarmos a trabalhar para ou com os pobres. Se quisermos ser peregrinos de esperança, somos socialmente obrigados a abrir novos caminhos para que eles próprios se tornem protagonistas da mudança. Por isso, quero convidar-vos a se organizarem com o claro objetivo de combater a miséria "sobretudo criando trabalho, trabalho digno".[14]

Os pobres são muito mais do que estatísticas e planilhas de cálculos com base nas quais as políticas oficiais são às vezes remotamente planejadas: são pessoas

---

12. *Ibid.*
13. LORENZO MILANI, *Lettera a una professoressa*, Oscar Mondadori, Milão 2017, p. 17 (edição digital Kindle).
14. FRANCISCO, *Discurso por ocasião do evento "Economy of Francesco"*, Assis, 24 de setembro de 2022.

que têm nomes e sobrenomes, histórias, corações e dignidade. O grito deles é também um grito de esperança com o qual expressam a certeza de que serão libertados. É esperança fundada no amor de Deus, que não abandona aqueles que confiam nele (cf. Romanos 8,31-39).

Precisamos de uma mudança profunda e radical. É verdade que ver os frutos de uma transformação dessa magnitude pode levar anos ou décadas. Mas acredito que algumas linhas de ação concretas poderiam dar resultados imediatos e estabelecer as bases para ajudar milhões de pessoas a escapar das condições de pobreza a que esse sistema as empurrou.

DIANTE DE UMA MAIOR DESIGUALDADE SOCIAL, MAIOR EQUIDADE FISCAL

De 2020 até hoje, a riqueza combinada dos cinco homens mais ricos do mundo dobrou. Nunca tão poucos tiveram tanto. E nunca esteve tão ao alcance deles salvar a vida de tantas pessoas: segundo diversos estudos, os patrimônios das cinquenta pessoas mais ricas do planeta poderiam financiar a assistência médica e a educação de todas as crianças pobres do mundo, através de impostos, iniciativas filantrópicas ou ambas as coisas.

Foi São João Paulo II que denunciou que "uma das maiores injustiças do mundo contemporâneo consiste nisto: que são relativamente poucos os que possuem muito e muitos os que não possuem quase nada. É a injustiça da má distribuição dos bens e dos serviços originariamente destinados a todos" (SRS 28).

Até o meu antecessor mais imediato, Bento XVI, reconheceu que "cresce a riqueza mundial em termos absolutos, mas aumentam as desigualdades. Nos países ricos, novas categorias sociais empobrecem e nascem novas pobrezas. Em áreas mais pobres, alguns grupos gozam duma espécie de superdesenvolvimento dissipador e consumista que contrasta, de modo inadmissível, com perduráveis situações de miséria desumanizadora. Continua 'o escândalo de desproporções revoltantes'".[15]

A pandemia do coronavírus ampliou a lacuna entre extrema riqueza e extrema pobreza. Entre 2020 e 2021, o 1% mais rico da população capturou 63% do aumento total da riqueza líquida global, quase o dobro da parcela (37%) que foi para os 99% restantes da população. mais pobre.[16]

Nesse cenário, vemos com preocupação que "as estruturas do pecado incluem hoje em dia repetidos cortes fiscais para as pessoas mais ricas, muitas vezes justificados em nome do investimento e do desenvolvimento; paraísos fiscais para lucros privados e

---

15. BENTO XVI, carta encíclica *Caritas in veritate*, 29 de junho de 2009, n. 22.
16. Relatório *Inequality Inc.*, Oxfam 2024.

empresariais; e, claro, a possibilidade de corrupção por parte de algumas das maiores corporações do mundo, não raro em consonância com algum setor político dominante".[17]

Desse modo, "todos os anos centenas de bilhões de dólares, que deveriam ser pagos em impostos para financiar a saúde e a educação, acumulam-se em contas em paraísos fiscais, impedindo assim a possibilidade de desenvolvimento digno e sustentável de todos os atores sociais".[18]

A taxação dos novos super-ricos é um dos caminhos mais progressistas, equitativos e necessários que podemos tomar para reverter a crescente desigualdade que corre o risco de se tornar irreversível. Se bem-feita, a cobrança de impostos é "um sinal de legalidade e justiça".[19]

Por isso, reforço o apelo por uma adequada política fiscal, que "deve favorecer a redistribuição da riqueza, salvaguardando a dignidade dos pobres e dos últimos, que sempre correm o risco de serem esmagados pelos poderosos".[20]

O pacto fiscal é o coração do pacto social. É o mandato segundo o qual se espera que aqueles que mais

---

17. FRANCISCO, *Discurso aos participantes no simpósio "Novas formas de fraternidade solidária", organizado pela Pontifícia Academia das Ciências Sociais,* 5 de fevereiro de 2020.
18. *Ibid.*
19. FRANCISCO, *Discurso à delegação da Receita Federal Italiana,* 31 de janeiro de 2022.
20. *Ibid.*

têm contribuam mais para o bem-estar comum de todos. Os impostos também são uma forma de compartilhar a riqueza a fim de que se transforme em bens comuns ou públicos, como escola, assistência médica, direitos, assistência, ciência, cultura, patrimônio.

Na perspectiva do Jubileu, há outras alternativas para negociações globais, como a remissão das dívidas externas dos países mais pobres, que também precisam ser estudadas com vistas à sua aplicação. "Nenhum governo pode exigir moralmente dos seus povos que padeçam privações incompatíveis com a dignidade humana."[21] Trata-se, ao mesmo tempo, de magnanimidade e de justiça, face às novas desigualdades cujas principais vítimas são as nações menos favorecidas, sobretudo no campo climático. Lembro-me do que disse do coração da Europa: "A riqueza – não o esqueçamos – é uma responsabilidade. Por isso, peço que estejamos sempre vigilantes para não negligenciar as nações mais desfavorecidas, mas que as ajudemos a sair da sua condição de empobrecimento".[22] O desenvolvimento de uma nova arquitetura financeira no nível mundial deve responder às necessidades do hemisfério

---

21. FRANCISCO, *Discurso aos participantes do encontro "Debt Crisis in the Global South", promovido pela Pontifícia Academia das Ciências*, 5 de junho de 2024.

22. Encontro com as autoridades, a sociedade civil e o corpo diplomático no Cercle Cité, Luxemburgo, 26 de setembro de 2004.

Sul e dos Estados insulares severamente afetados por desastres climáticos, reconhecendo uma espécie de "dívida ecológica" para com eles, da qual as nações menos desenvolvidas são credoras.

Também houve vozes a favor de iniciativas que em muitos países visam tornar mais eficientes os impostos sobre heranças, que em alguns casos representam valores insignificantes para aqueles que acumularam mais.

Quando se trata de produzir alternativas para eliminar a pobreza, não podemos ignorar a necessidade de criar, especialmente para os jovens, empregos válidos que devolvam a cada ser humano a dignidade de ganhar o pão para sobreviver. Os chamados "planos sociais", úteis como paliativos em tempos de crise aguda, não podem ser prorrogados indefinidamente.

Por isso, encorajo os empresários, entre os quais há muitos exemplos de bons cristãos e de seres humanos verdadeiramente comprometidos com o bem-estar geral, a investir no bem comum. Se quisermos sair dessa crise, precisamos da ajuda dos homens de negócios e evitar que eles caiam no canto da sereia da chamada loteria financeira ou que escondam seu dinheiro em paraísos fiscais.

É necessário retornar a uma economia concreta, que combata a natureza fugaz do mundo das finanças com produção, trabalho e emprego para todos.

Não há economia virtuosa sem bons empreendedores, sem a capacidade deles de criar emprego, produtos e riqueza. Sempre penso no servo de Deus Enrique

Shaw como um exemplo de boas práticas para empresários e empresárias do mundo todo. Não existe uma boa economia sem o verdadeiro empreendedor que conhece seus trabalhadores porque trabalha com eles. Até mesmo a chegada de trabalhadores a cargos de gestão traz, por vezes, essa perspectiva que confere dignidade ao ecossistema do trabalho. E esse ambiente estará cada vez mais harmonioso se tanto as dificuldades como as alegrias, tanto a resolução de problemas como os ganhos forem compartilhados. Peço-vos também: "E não vos contenteis com um pouco de filantropia, não é suficiente: o desafio é incluir os pobres nas empresas, levando-os a tornar-se recursos para a vantagem comum".[23]

Por isso, acredito que a criação de postos de trabalho tenha sempre um impacto positivo na sociedade. Todos nós notamos a diferença entre os especuladores que buscam uma economia sem rosto e o empreendedor que sabe que no rosto de cada trabalhador também há esperança.

PEREGRINOS DE ESPERANÇA: É TEMPO DE AGIR

Não temos tempo a perder para colocar em prática essas mudanças que nos ajudarão não apenas a

---

23. FRANCISCO, *Discurso a um grupo de diretores-executivos de grandes empresas e bancos*, 15 de junho de 2024.

restaurar a dignidade de nossos irmãos e irmãs descartados, mas também a nutrir a esperança deles na possibilidade de mudança.

Até agora, neste século XXI, que viu um progresso notável no campo da tecnologia, da ciência, das comunicações e da infraestrutura, não fizemos o mesmo progresso em termos de humanidade e solidariedade para atender às necessidades básicas dos mais desfavorecidos. Não só não reduzimos as desigualdades entre aqueles que têm mais e aqueles que têm menos, como elas se tornaram mais acentuadas. Deveríamos, sobretudo os cristãos, ficar envergonhados diante desse fato.

Os pobres não podem esperar. Por isso, muitos deles decidiram se organizar para começar a agir, sem esperar a ajuda de ONGs, planos de assistência ou soluções que nunca chegam. É o caso, por exemplo, dos movimentos populares. Sempre os incentivei a continuar no caminho que começaram.

Tirar as pessoas da pobreza não é apenas um dever cristão ou humano urgente. Até que os problemas delas sejam radicalmente resolvidos, "renunciando à autonomia absoluta dos mercados e da especulação financeira e atacando as causas estruturais da desigualdade social, não se resolverão os problemas do mundo e, em definitivo, problema algum. A desigualdade é a raiz dos males sociais" (EG 202). No rosto dos pobres está a esperança; no futuro deles está o nosso rosto.

As condições de marginalização em que milhões de pessoas se encontram não podem durar indefinidamente. O clamor delas aumenta e alcança toda a Terra. Como escreveu Dom Primo Mazzolari: "O pobre é um contínuo protesto contra as nossas injustiças: o pobre também é, portanto, um paiol. Se lhe ateia fogo, o mundo vai pelo ar".[24]

PRISÕES, LABORATÓRIOS DE ESPERANÇA

A esperança também está em nossas prisões, que infelizmente estão cheias de pessoas pobres, vítimas em muitos casos de injustiças sistêmicas e de um sistema penal que prefere prender o maior número possível de pessoas em vez de lutar contra as condições em que os crimes se desenvolvem.

Precisamos tentar resolver os problemas estruturais que fazem com que muitas prisões fiquem superlotadas de pessoas pobres, enquanto criminosos de colarinho branco continuam a burlar as leis para cometer crimes ligados à lavagem de dinheiro e outros delitos sofisticados. Até mesmo o crime de corrupção muitas vezes fica impune. É fácil punir os mais fracos enquanto os peixes grandes nadam livres. Procuremos ser peregrinos

---

24. PRIMO MAZZOLARI, *La parola ai poveri*, EDB, Bolonha 2017 (edição digital Kindle).

também aí, nos centros de detenção, para que sejam laboratórios de esperança.

"Em muitas partes, reclama-se maior segurança. Mas, enquanto não se eliminar a exclusão e a desigualdade dentro da sociedade e entre os vários povos, será impossível desarreigar a violência" (EG 59). Se não combatermos essas causas da pobreza, não seremos de alguma forma cúmplices de suas consequências? A cada dia testemunhamos o fracasso de soluções individualistas de falsa segurança: quem vai morar dentro de bairros murados, quem circula apenas com o último modelo de SUV com vidros escuros e fingindo não ver o que está ao redor. Se não chegarmos à raiz do problema, até esses truques serão inúteis.

Ao mesmo tempo, vemos como nos meios de comunicação e em cada vez mais espaços de discussão política os pobres são acusados de violência, mas, "sem igualdade de oportunidades, as várias formas de agressão e de guerra encontrarão um terreno fértil que, mais cedo ou mais tarde, há de provocar a explosão" (EG 59).

Assistimos ao avanço de certo "populismo penal" segundo o qual "não se procuram apenas bodes expiatórios que paguem com a sua liberdade e com a sua vida por todos os males sociais, como era típico nas sociedades primitivas, mas além disso há por vezes a tendência a construir deliberadamente inimigos: figuras estereotipadas, que concentram em si todas as características que a sociedade sente ou interpreta como ameaçadoras".²⁵ Os pobres são os mais prejudicados por esses estereótipos.

Acredito que quem cometeu um crime deve cumprir uma pena ou indenizar a sociedade pelos danos que causou. Mas se o que queremos é o bem comum, devemos trabalhar para que nossas prisões sejam laboratórios de esperança, porque todo sistema deve sentir a obrigação de impor penas que tenham um horizonte de reinserção.

Eu sempre digo às pessoas privadas de liberdade para não desanimarem, para não se fecharem. Ao me deparar com cada prisioneiro, a primeira coisa que me vem à mente é: por que ele está ali e eu não?

Por isso, desejo expressar mais uma vez a minha proximidade e a da Igreja a cada homem e cada mulher que se encontram na prisão, em qualquer parte do mundo. Jesus disse: "Estive [...] preso e viestes ver-me" (Mateus 25,36).

O comportamento que uma sociedade adota em relação aos prisioneiros é eloquente. Além das preocupações evidentes sobre "a temática do respeito pelos direitos fundamentais do homem e a exigência de condições correspondentes de expiação da pena",²⁶ o panorama fica incompleto se não for acompanhado de

---

25. FRANCISCO, *Discurso à delegação da Associação internacional de direito penal*, 23 de outubro de 2014.
26. FRANCISCO, *Visita à Casa de detenção de Castrovillari*, Cosenza, 21 de junho de 2014.

um compromisso concreto das instituições em vista de uma efetiva reintegração na sociedade.[27]

Não podemos permitir, agora em pleno século XXI, que a execução de uma pena seja reduzida a um instrumento de mera punição ou vingança social, o que por sua vez é prejudicial ao indivíduo e à sociedade.

A experiência nos diz que aumentar e endurecer as penas muitas vezes não resolve os problemas sociais nem reduz os índices de criminalidade. Pelo contrário, se a questão não for abordada de modo integral, poderão surgir outros problemas sociais, como a superlotação das prisões, o apelo populista à construção desenfreada de centros de detenção ou a proliferação de encarceramentos a um ritmo muito superior ao que o sistema pode avaliar, resultando em milhares de casos de pessoas detidas à espera julgamento.

Gosto de pensar que a pena "não pode ser fechada, deve ter sempre "a janela aberta" para a esperança, quer por parte do cárcere quer por parte de cada pessoa".[28] "Todos nós precisamos uns dos outros, e todos temos o direito de ter esperança, além de cada história e de cada erro ou fracasso".[29] A esperança é um direito.

---

27. Cf. BENTO XVI, *Discurso aos participantes da XVII Conferência dos diretores das Administrações penitenciárias do Conselho da Europa*, 22 de novembro de 2012.
28. FRANCISCO, *Discurso aos funcionários do presídio de "Regina Coeli" de Roma*, 7 de fevereiro de 2019.
29. FRANCISCO, *Encontro com os agentes de polícia penitenciária,*

Caso contrário, transformamos nossas prisões em escolas do crime, onde aqueles que entram não encontram nem as ferramentas nem as motivações que os levem a sair para oferecer à sociedade o potencial que cada ser humano pode dedicar a ela. Corremos o risco de ficar presos em um sistema judiciário que não nos permite nos reerguer e que confunde redenção com punição. Com um olhar de esperança, por outro lado, cada prisão pode também se transformar em um "lugar de renascimento, moral e material, onde a dignidade de mulheres e homens não é 'colocada em isolamento', mas promovida através do respeito mútuo e do desenvolvimento de talentos e habilidades, talvez que ficaram adormecidos ou aprisionados pelas vicissitudes da vida, mas que podem ressurgir para o bem de todos e que merecem atenção e confiança".[30]

Nas mães dos presos vemos um primeiro passo para a construção desse "laboratório de esperança". Quando estive em Buenos Aires, conheci muitas mães esperando na fila para entrar na prisão. Não tinham vergonha. O filho estava na prisão, sim, mas era o filho delas. E sofreram tantas humilhações durante o processo de identificação, antes de entrar, mas: "É meu filho!", "Mas, senhora, seu filho é um delinquente!", "É meu

---

os detentos e os voluntários, Casa de Detenção de Montorio, Verona, 18 de maio de 2024.

30. FRANCISCO, *Encontro com as detentas*, Casa Feminina de Detenção na ilha de Giudecca, Veneza, 28 de abril de 2024.

filho!". Na maioria dos casos, elas não pediram a libertação dos filhos, mas apenas a dignidade da prisão, a possibilidade de esperança, a certeza da reunificação. Trabalhamos para garantir que nenhum familiar que deseje visitar um prisioneiro seja novamente submetido a tratamento degradante.

Tanto na minha diocese anterior como em Roma, sempre procurei levar uma palavra de encorajamento aos presos. Mesmo durante minhas viagens fora da Itália, especialmente no continente americano, muitas vezes fiz questão de incluir uma visita às prisões, para que as pessoas privadas de liberdade pudessem sentir minha proximidade e a da Igreja. Para mim, "entrar em uma penitenciária é sempre um momento importante, porque o presídio é um lugar de grande humanidade".[31]

Apelo a toda a sociedade para que trabalhe para transformar os centros de detenção em "laboratórios de esperança". Também devemos estar atentos a alguns perigos, como a proliferação de prisões privadas, onde os empreendedores muitas vezes têm uma cota mínima de empregos acordada com o governo por contrato, o que se traduz em detenções cada vez mais injustas e prolongadas.

---

31. FRANCISCO, *Encontro com os agentes de polícia penitenciária, os detentos e os voluntários*, Casa de Detenção de Montorio, Verona, 18 de maio de 2024.

PEREGRINOS DE ESPERANÇA NOS PRESÍDIOS

Por ocasião do ano jubilar, propus aos governos do mundo que empreendam iniciativas que devolvam a esperança às pessoas privadas de liberdade, por exemplo através de formas de anistia ou de remissão de penas destinadas a ajudar os prisioneiros a recuperar a confiança em si e na sociedade.

É nesse contexto que abrirei uma Porta santa em uma prisão para oferecer aos presos um sinal concreto de proximidade que os ajudará a olhar para o futuro com esperança e com renovado compromisso existencial.

Existem vários projetos promovidos pela Santa Sé para nos tornar peregrinos de esperança, levando uma palavra de encorajamento e uma "janela aberta" a algumas pessoas privadas de liberdade. Em 2024, por exemplo, o pavilhão do Vaticano na Bienal de Arte de Veneza foi instalado em uma prisão feminina da cidade. Tive a honra de visitá-lo e foi emocionante ver o trabalho das detentas, ouvir quanto elas podem dar à sociedade quando têm uma chance, quando há esperança.

A Basílica de São Pedro lançou duas iniciativas para o ano jubilar focadas na promoção das pessoas privadas de liberdade. Em um caso, as pessoas encarceradas são responsáveis por transformar os barcos com os quais os imigrantes cruzam o Mediterrâneo em matéria-prima para fazer rosários que depois são colocados à venda na basílica. Tive a honra de receber de presente o primeiro terço.

Já outro projeto promove a reinserção dos presos na sociedade por meio de atividades de trabalho e permite que essas pessoas realizem tarefas comuns de manutenção na basílica.

Com isso não reinventamos a roda. Tentamos apenas converter em fatos concretos a palavra que Jesus pronuncia aos prisioneiros. Eles estão em nossas orações; vivemos na esperança deles.

PENA DE MORTE

Entre as pessoas privadas de liberdade que mais nos preocupam estão aquelas condenadas à morte em todo o mundo. É inconcebível que "hoje os Estados não possam dispor de outro meio, que não seja a pena capital, para defender a vida de outras pessoas do agressor injusto".[32]

A pena de morte é inadmissível, independentemente da gravidade do crime cometido pelo condenado. Reitero mais uma vez que é "uma ofensa à inviolabilidade da vida e à dignidade da pessoa humana que contradiz o desígnio de Deus sobre o homem e sobre a sociedade e a sua justiça misericordiosa, e impede o

---

32. FRANCISCO, *Discurso à delegação da Associação internacional de direito penal*, 23 de outubro de 2014.

cumprimento da justa finalidade das penas. Não faz justiça às vítimas, mas fomenta a vingança".[33] Nunca será esquecido que para todo cristão o mandamento "não matarás" tem valor absoluto e diz respeito tanto aos inocentes quanto aos culpados.

Em uma declaração recente, o Dicastério para a doutrina da fé afirmou sabiamente que a pena de morte "viola a dignidade inalienável de toda pessoa humana para além de toda circunstância" (DI 34).

Ainda há muito o que trabalhar. Segundo algumas estatísticas, em prisões ao redor do mundo estão detidas mais de oito milhões de pessoas, das quais mais de 30 mil são condenadas à morte.

A certeza de que toda vida é sagrada e de que a dignidade humana deve ser salvaguardada sem exceções levou-me, desde o início do meu ministério, a trabalhar em diferentes níveis pela abolição universal da pena de morte.

Foi assim que aconteceu com a nova redação do n. 2.267 do *Catecismo da Igreja Católica*, que exprime o progresso da doutrina e também uma mudança na consciência do povo cristão, que recusa uma pena que lesa gravemente a dignidade humana.[34] É uma solução

---

33. FRANCISCO, *Videomensagem aos participantes do VI Congresso mundial contra a pena de morte*, 21 de junho de 2016.
34. Cf. FRANCISCO, *Discurso aos participantes no encontro por ocasião do XXV aniversário do "Catecismo da Igreja Católica"*, 11 de outubro de 2017.

falsa, incompatível com o nível de desenvolvimento dos direitos humanos que alcançamos.

Essa perspectiva cristã e humanista nos leva a apoiar com a mesma força a rejeição das penas de prisão perpétua, que retiram qualquer possibilidade de redenção moral e existencial e se tornam "uma pena de morte escondida".[35]

Não podemos pretender que em nossas prisões a esperança encontre um lugar se expulsarmos toda possibilidade de redenção e reconciliação com a comunidade. Por isso, precisamos de peregrinos de esperança em cada um dos países onde a pena de morte está em vigor, para que haja um compromisso global para primeiro suspendê-la e depois aboli-la. O reconhecimento universal da dignidade humana deve prevalecer sobre a tensão que alguns alegam entre os sistemas jurídicos nacionais e o direito internacional. Quando se abole a pena de morte, não se renuncia à soberania, se dá esperança ao mundo.

A rejeição da pena de morte deve ser absoluta. Inclui também outras formas disfarçadas de assassinato pelo aparato repressivo do Estado, como, em algumas latitudes, execuções extrajudiciais. Não podemos permitir que agentes públicos continuem se refugiando na sombra do poder estatal para justificar esses crimes. São

---

35. FRANCISCO, *Discurso à delegação da Associação internacional de direito penal*, 23 de outubro de 2014.

crimes que, em muitos casos, também apresentam altos níveis de racismo e classismo.

No mesmo espírito, devemos denunciar outra forma de pena de morte disfarçada, desta vez no cenário internacional, baseada em ataques seletivos com drones e outras armas remotas de precisão contra supostos criminosos, muitas vezes ligados a crimes terroristas e conspirações.

Assim, apesar do fato de que, segundo dados, já existem mais de 110 países que aboliram oficialmente a pena de morte, vemos com preocupação como essa modalidade de pena, de forma ilegal e em medidas diversas, é aplicada em quase todo o planeta.

Cristãos e homens e mulheres de boa vontade são chamados a lutar não apenas pela abolição da pena de morte em todas as suas formas, mas também por uma melhoria nas condições prisionais, para que seja respeitada a dignidade humana dos prisioneiros. Ainda mais porque em muitos países as prisões são habitadas por pessoas pobres que são empurradas para uma vida de crime por um sistema cada vez mais injusto, sem oferecer a elas as garantias mínimas de um julgamento justo e deixando-as desamparadas diante do linchamento da mídia.

Sermos peregrinos de esperança nos obriga a levar uma âncora e uma vela também às pessoas privadas de liberdade, porque elas também podem ter fé.

3

O ROSTO DE UM MIGRANTE

Eu acredito na força da imigração. Defendo a esperança das pessoas forçadas a abandonar a própria terra. Sou filho de imigrantes e minha família viveu na pele o que significa chegar a uma cidade desconhecida, começar a procurar emprego, adaptar-se a um novo idioma, sentir o olhar daqueles que se sentem ameaçados pelo recém-chegado. Sei o que é imigração porque foi assim que minha família foi formada e também porque em mais de onze anos como papa vi os rostos de muitas pessoas que tiveram de deixar sua terra natal em busca de um futuro melhor. Se há algo que une o rosto do meu pai como emigrante ao de um africano que cruza o Mediterrâneo, ao de um venezuelano que atravessa a selva ou ao de um *rohingya* que faz uma peregrinação a pé, é a esperança. Está neles.

São milhões os irmãos e as irmãs no mundo que, apesar dos problemas, dos riscos e das dificuldades que devem enfrentar, emigram com confiança e esperança. Trazem no coração o desejo de um futuro melhor, não só para si, mas também para as suas famílias e para os entes queridos.[1]

Pensemos quanto deve ser difícil a situação que estão atravessando para induzi-los a deixar os locais de origem e empreender a arriscada viagem da esperança, com uma bagagem cheia de desejos e de medos, à procura de condições de vida mais humanas.[2]

Faço um apelo à empatia: "Porventura não é desejo de cada um melhorar as próprias condições de vida e obter um honesto e legítimo bem-estar que possa partilhar com os seus entes queridos?".[3] Pensemos quantas vezes, de tantas maneiras, desejamos a mesma coisa.

É a história da humanidade. É um sentimento humano tanto quanto o desejo de uma vida melhor. É a esperança de construir um futuro.

---

1. Cf. FRANCISCO, *Mensagem para o 100º Dia mundial do migrante e do refugiado 2014*, 5 de agosto de 2013.
2. Cf. FRANCISCO, *Mensagem para o 101º Dia mundial do migrante e do refugiado 2015*, 3 de setembro de 2014.
3. Cf. FRANCISCO, *Mensagem para o 102º Dia mundial do migrante e do refugiado 2016*, 12 de setembro de 2015.

A movimentação de milhares de pessoas não é mais um fenômeno limitado a algumas áreas do planeta, mas ocorre em todos os continentes. Aqueles que migram falam línguas diferentes, mas estão unidos pela linguagem do amor e da esperança.

Trata-se de homens e mulheres, idosos e crianças forçados a deixar as próprias casas para buscar paz, segurança e um futuro digno em outro lugar. Vamos gravar isto em nossos corações: para muitos é uma questão de vida ou morte.

Ofereçamos um abraço a quem migra; abramo-nos à possibilidade de nos enriquecermos através do encontro com eles, do conhecimento deles, do diálogo com eles. A esperança é uma virtude muito mais bela se a vivermos em comunidade: eles vêm à nossa terra e nós vamos ao encontro dos seus corações, para entendê-los, para compreender a cultura deles, a língua deles. Deixemos que a esperança deles reflita em nós e nos dê força também.

Alguém duvida do poder da esperança? É ela quem garante que aqueles que buscam uma vida melhor sobrevivam até mesmo aos perigos impostos pelo trânsito ilegal e pela chantagem, ou à consciência do fato de que poderiam ter que enfrentar repatriações e confinamentos cada vez mais frequentes em países onde esses irmãos e irmãs não são desejados. É ela que, como virtude silenciosa, sustenta aquele desejo de satisfazer as necessidades de trabalho e de melhores condições de vida ou, às vezes, até mesmo uma tão almejada reunificação familiar.

Para muitas pessoas, está cada vez mais difícil se mudar de um país para outro. Somente em fotografias em tons de sépia sobrevivem os tempos em que as famílias embarcavam em um navio direto a um novo destino, onde imediatamente começavam uma nova vida trabalhando em seu novo contexto compartilhado. Até mesmo as nações que cresceram graças à chegada de milhares de estrangeiros ou que tiveram milhões de crianças espalhadas na diáspora pelo mundo hoje erguem muros e ignoram a questão.

A fotografia atual das migrações é, ao contrário, um cartão-postal dominado pela cor da violência e da miséria. Vemos isso do Deserto do Saara à Selva de Darien; na fronteira entre Estados Unidos e México; no Mediterrâneo, que na última década se tornou "um grande cemitério"; também no Oriente Médio devido à tragédia humanitária em Gaza e no Extremo Oriente com o povo martirizado pelo genocídio dos *rohingya*.

"Não afligirás o estrangeiro nem o oprimido, porque vós mesmos fostes estrangeiros no país do Egito" (Êxodo 22,20). Como cristãos, devemos nos sentir desafiados por cada refugiado e migrante que deixa a terra natal. Onde está escrito que sua esperança vale menos do que a daqueles que emigram de um país a outro para desfrutar de uma pensão de ouro ou para fazer negócios lucrativos? Não podemos continuar assim. A morte de pessoas inocentes, sobretudo crianças, em busca de uma existência mais serena, longe de guerras e violência, é um grito doloroso e ensurdecedor que não pode nos deixar indiferentes.

DIANTE DAS MIGRAÇÕES ATUAIS

Estamos nos aproximando de um Ano Santo em que a esperança estará no centro. Há um quarto de século, antes do Grande Jubileu pelos dois mil anos do anúncio de paz pelos anjos em Belém, São João Paulo II enumerava a quantidade crescente de exilados entre os resultados de "uma sequência infinda e horrenda de guerras, conflitos, genocídios, 'limpezas étnicas'" que marcaram o século XX.[4] Hoje acrescentamos que, mesmo em terras pacíficas, as consequências dilacerantes de uma economia que mata estão entre as principais causas do deslocamento de populações dentro e fora das fronteiras nacionais.

Desde que o homem é homem, as pessoas emigram por diversos motivos, sobretudo pelo "desejo de uma vida melhor, frequentemente unido ao intento de ultrapassar o 'desespero' de um futuro impossível de construir", observou o meu predecessor Bento XVI mais de

---

4. JOÃO PAULO II, *Mensagem para a celebração do XXXIII Dia mundial da paz*, 1º de janeiro de 2000.

dez anos atrás.[5] Eles partem para se reunir com suas famílias, para encontrar melhores oportunidades de emprego ou educação: quem não pode usufruir desses direitos não pode viver em paz.

Há quem, no entanto, veja os migrantes e os refugiados como se fossem "peões no tabuleiro de xadrez da humanidade".[6] Mas são crianças, mulheres e homens que abandonam ou são obrigados a abandonar as próprias casas por tantos motivos, e partilham o mesmo desejo legítimo de saber, de ter, mas sobretudo de ser, algo mais. Estamos testemunhando o maior movimento de pessoas, até mesmo de povos, de todos os tempos. A História nos julgará pela forma como nos comportamos diante dos famintos, diante dos sedentos, diante dos forasteiros (cf. Mateus 25,35-40).

Reitero o que eu disse recentemente aos representantes dos mais de 180 países com os quais a Santa Sé mantém relações, desejando que a mensagem se espalhe entre aqueles que têm responsabilidades políticas em todos os cantos do planeta: "Perante esta imensa tragédia, acabamos por fechar o nosso coração, entrincheirando-nos por trás do medo duma 'invasão'.

---

5. Cf. BENTO XVI, *Mensagem para o 99º Dia mundial do migrante e do refugiado 2013*, 12 de outubro de 2012.

6. FRANCISCO, *Mensagem para o 101º Dia mundial do migrante e do refugiado 2014*, 5 de agosto de 2013.

Esquecemo-nos facilmente de que temos diante de nós pessoas com rostos e nomes".[7]

Sabemos que será muito difícil para o mundo voltar a ser um lugar de portas escancaradas para quem procura migrar em busca de um futuro melhor, como foi na época dos meus pais. De fato, vemos que, enquanto às mercadorias são colocadas cada vez menos restrições para se mover de um lugar para outro, fica cada vez mais difícil para os humanos fazer o mesmo. Por isso, pedimos o estabelecimento de acordos mínimos que levem em conta que as responsabilidades nesses fenômenos sejam compartilhadas entre todos os países e que sejam feitos progressos na regulamentação para acolher, promover, acompanhar e integrar os migrantes.

Isso deve ser feito salvaguardando a dignidade deles, respeitando ao mesmo tempo a cultura, a sensibilidade e a segurança das populações responsáveis por acolhê-los e integrá-los. Além disso, "é necessário também recordar o direito de poder permanecer na própria pátria e a consequente necessidade de criar as condições para que o mesmo possa ser efetivamente exercido".[8]

Precisamos tornar visível o processo estrutural que acaba levando milhões de pessoas a deixar suas casas, muitas vezes levando apenas o que carregam nas costas,

---

7. FRANCISCO, *Discurso aos membros do corpo diplomático acreditado junto à Santa Sé para as felicitações de ano novo*, 8 de janeiro de 2024.
8. *Ibid.*

em busca de um futuro melhor. E, em vez disso, vemos que migrantes e refugiados só aparecem nas notícias quando estão envolvidos em incidentes policiais ou quando morrem às dezenas nas diversas rotas de migração, no mar ou no deserto. A indiferença global nos blindou a tal ponto que nem ouvimos falar de tragédias quando os mortos podem ser contados nos dedos de uma mão.

Parece, portanto, utópico pedir à mídia que também destaque as inúmeras ocasiões em que os migrantes conseguem chegar à terra de chegada, salvar uma vida, integrar-se com ternura ou levar frutos enriquecedores em benefício de toda a comunidade.

Nesse contexto, vemos ainda como as recentes guerras com impacto global desviaram a pouca atenção que já existia de um fenômeno que continua ocorrendo diariamente, mesmo que os holofotes da mídia tenham parado de focá-lo. Hoje, o drama de milhões de irmãos e irmãs migrantes oscila entre a invisibilidade e a espetacularização.

O fenômeno da migração forçada, em condições cada vez mais desumanas, é uma crise humanitária que afeta a todos. Desde sempre as migrações deram lugar a intercâmbios entre povos e culturas que enriqueceram civilizações e facilitaram o diálogo entre pensamentos, favorecendo o encontro entre ciência, filosofia e direito, e entre muitas outras realidades.

Todavia, essa tradição da humanidade foi progressivamente suplantada por duas palavras que alimentam os medos de muitas populações: "invasão" e "emergência". Mais do que realidades comprovadas, aparecem como os cavalos de batalha de alguns que ganham vantagem eleitoral quando sentimentos de desconfiança crescem entre a população. Ou, pior ainda, são os emblemas daqueles que, para manter vivo o tráfico de pessoas, boicotam qualquer tentativa de acordo entre países que vise garantir que a migração seja efetivamente um direito humano e não uma passagem para a morte certa.

Precisamos conhecer os dados reais para entender que isso não é uma invasão, mas sim pessoas forçadas a deixar tudo e fugir devido, entre outros fatores, a guerras civis, violência e mudanças climáticas. Ao mesmo tempo, a exasperação de um estilo de vida ocidental baseado no sucesso e bem-estar presumidos às vezes atrai muitos migrantes com expectativas irrealistas que os expõem a uma grande decepção.

POR UM DIREITO UNIVERSAL A NÃO MIGRAR

Você não pode amar aquilo que não conhece. O próprio Jesus ensina no episódio dos discípulos de Emaús: "Ora, enquanto conversavam e discutiam entre si, o próprio Jesus aproximou-se e pôs-se a caminhar com eles; seus olhos, porém, estavam impedidos de reconhecê-lo" (Lucas 24,15-16).

Muitas vezes desconhecemos tão profundamente as realidades dos países de origem dos nossos irmãos migrantes que a situação deles não nos inspira empatia. Cada vez mais conflitos, desastres naturais ou dificuldades em viver uma vida digna e próspera em sua terra natal estão forçando milhões de pessoas a deixá-la. No início do século, São João Paulo II afirmou que "Realizar condições concretas de paz, no que diz respeito aos migrantes e itinerantes, significa comprometer-se seriamente a salvaguardar antes de mais *o direito a não emigrar*, ou seja, a viver em paz e dignidade na própria Pátria".[9]

Um primeiro passo para ter empatia por aqueles que se encontram em situação de migração é defender o direito de todos de viver com dignidade, em especial exercendo aquele de não ser forçado a emigrar para contribuir para o desenvolvimento do país de origem.

Trata-se, sim, de um processo de grande envergadura, mas o que devemos pedir aos responsáveis se não políticas de longo alcance? É também uma tarefa multifacetada. A ajuda dada aos países de onde partem os emigrantes deve ser a primeira de todas.

Um santo disse uma vez que os países centrais deveriam ter em mente que, em suas relações com aqueles que ainda estão em desenvolvimento, "não se trata de

---

9. JOÃO PAULO II, *Mensagem para o 90º Dia mundial do migrante e do refugiado 2004*, 15 de dezembro de 2003.

dar-lhes cada vez mais, mas de tirar-lhes cada vez menos". A solidariedade, a cooperação, a interdependência internacional e a distribuição equitativa dos bens da Terra parecem ser elementos fundamentais se realmente queremos atuar de forma profunda e incisiva, sobretudo nas áreas de onde se originam os fluxos migratórios.

A única maneira de reduzir as partidas em qualquer lugar do mundo é acabar com as restrições que induzem as pessoas, individual ou coletivamente, a abandonar seu ambiente natural e cultural.

Reitero mais uma vez que "migrar deveria ser uma escolha livre e nunca a única possível".[10]

No septuagésimo quinto aniversário da *Declaração universal dos direitos humanos*, é necessário um consenso universal para codificar o direito de não emigrar para permanecer no próprio país. A todo homem e toda mulher deve ser garantida a oportunidade de viver com dignidade no país em que nasceram, na sociedade em que se encontram, no bairro em que cresceram.

Os fatores que causam movimentos de massa nos cinco continentes não são eventos além do controle humano. A miséria que esse sistema gera; as guerras alimentadas pelo egoísmo e pelo aumento de armamentos; a crise climática causada pela predação da Terra são todas causas de migração que podemos mitigar. Cabe a nós criar as condições para que aqueles que

---

10. FRANCISCO, *Angelus*, 24 de setembro de 2023.

queiram permanecer no próprio país o possam fazer... se houver vontade de criá-las e compromisso político global para tentar.

Garantir que quem deseja permanecer no próprio país tenha a possibilidade de desenvolvimento humano integral pareceria uma questão básica de humanidade. Mas como até agora não foi possível assegurá-la, é necessário e urgente que seja proclamada, no nível legal, como um direito universal.

A inter-relação internacional na questão migratória é evidente na medida em que, como os recursos globais não são ilimitados, o desenvolvimento dos países economicamente mais pobres depende da capacidade de compartilhamento que pode ser gerada entre todas as nações.

Os recentes debates em nível europeu colocaram sobre a mesa a possibilidade de lançar novos planos para melhorar o desenvolvimento da África, numa escala semelhante à ajuda que o próprio Velho Continente recebeu para se recuperar do desastre social e econômico da Segunda Guerra Mundial.

Esperamos que essas iniciativas prosperem antes que a Terceira Guerra Mundial finalmente chegue até nós.

A INTEGRAÇÃO DOS PAÍSES

Eu reafirmo aqui que "é absolutamente necessário enfrentar, nos países de origem, as causas que provocam as migrações".[11] É necessário que os programas implementados para esse fim garantam que, nas zonas afetadas pelas instabilidades e injustiças mais graves, se dê espaço a um desenvolvimento autêntico que promova o bem de todas as populações, em particular dos meninos e das meninas, a esperança da humanidade.

Se quisermos resolver um problema que afeta a todos nós, devemos fazê-lo através da integração dos países de origem, trânsito, destino e retorno dos migrantes. Diante desse desafio, nenhum país pode ficar sozinho e ninguém pode pensar em abordar a questão de forma isolada, por meio de leis mais restritivas e repressivas, às vezes aprovadas sob pressão do medo ou em busca de vantagens eleitorais.

Ao contrário, assim como vemos que existe uma globalização da indiferença (cf. EG 54), devemos responder com a globalização da caridade e da cooperação, a fim de que as condições dos emigrantes sejam humanizadas.

Vamos pensar nos exemplos recentes que vimos na Europa. A ferida ainda aberta da guerra na Ucrânia forçou milhares de pessoas a abandonar suas casas, especialmente durante os primeiros meses do conflito. Mas também testemunhamos a recepção irrestrita de muitos países fronteiriços, como no caso da Polônia.

---

11. FRANCISCO, *Mensagem para o 103º Dia mundial do migrante e do refugiado 2017*, 8 de setembro de 2016.

Algo semelhante aconteceu no Oriente Médio, onde as portas abertas de nações como a Jordânia ou o Líbano continuam a ser a salvação para milhões de pessoas que fogem dos conflitos na região: penso sobretudo naqueles que abandonam Gaza em meio à escassez que atingiu os irmãos palestinos frente à dificuldade de levar alimentos e ajuda para seu território. Segundo alguns especialistas, o que está acontecendo em Gaza tem características de um genocídio. Deveria ser investigado com cuidado para determinar se se enquadra na definição técnica formulada por juristas e organizações internacionais.

Devemos envolver os países de origem dos maiores fluxos migratórios em um novo ciclo virtuoso de crescimento econômico e paz que inclua todo o planeta. Para que a migração seja mesmo uma decisão livre, esforços devem ser feitos para garantir que todos participem igualmente do bem comum, respeitem os direitos fundamentais e tenham acesso ao desenvolvimento humano integral. Apenas se essa plataforma básica for garantida em todas as nações do mundo poderemos dizer que quem migra o faz livremente e seremos capazes de pensar em uma solução verdadeiramente global para o problema. Penso sobretudo nos jovens que, ao emigrarem, provocam muitas vezes uma dupla fratura nas comunidades de origem: uma porque perdem os elementos mais prósperos e mais ativos e outra porque as famílias se separam.

Para atingir esse cenário, no entanto, precisamos dar o passo preliminar fundamental que consiste em pôr fim às condições desiguais de comércio entre os diferentes países do mundo. Nas ligações entre muitos deles estabeleceu-se certa ficção que dá a aparência de uma suposta troca comercial, mas na realidade consiste apenas numa transação entre filiais que saqueiam os territórios dos países pobres e enviam os seus produtos e os seus lucros para as empresas-mãe em países desenvolvidos. Me vêm à mente, por exemplo, setores ligados à exploração de recursos naturais subterrâneos. Eles são as veias abertas desses territórios.[12]

Quando ouvimos esse ou aquele líder reclamando dos fluxos migratórios da África para a Europa, quantos desses mesmos líderes questionam o neocolonialismo que ainda existe hoje em muitas nações africanas?

Lembro que na minha viagem à República Democrática do Congo, em 2023, abordei o problema da atual pilhagem de algumas nações: "Existe aquele lema que vem do inconsciente de muitas culturas e de muitas pessoas: 'África deve ser explorada'. Isto é terrível! De fato, depois da exploração política, desencadeou-se um 'colonialismo econômico' igualmente escravizador. Assim, largamente saqueado, este país não consegue beneficiar suficientemente dos seus recursos imensos:

---

12. EDUARDO GALEANO, *As veias abertas da América Latina*, L&PM Editores, Porto Alegre 2010.

chegou-se ao paradoxo de os frutos da sua terra o tornarem 'estrangeiro' para os próprios habitantes. O veneno da ganância tornou os seus diamantes ensanguentados".[13]

Já sabemos que a "teoria do gotejamento" não funciona nem no interior da economia de um único país nem no conjunto das nações.[14] Devemos apoiar os países periféricos, em muitos casos os de origem das migrações, para neutralizar as práticas neocoloniais que buscam perpetuar as assimetrias.

Uma vez que o mundo consiga avançar com acordos que promovam o desenvolvimento local daqueles que, de outra forma, acabariam por migrar, é importante que os governos desses países, chamados a exercer uma boa política, atuem de modo transparente, honesto, de longo prazo e a serviço de todos, sobretudo dos mais vulneráveis.[15]

Os países desenvolvidos também deveriam rever os critérios pelos quais julgam a corrupção em suas empresas estatais ou de bandeira. Porque se em algum lugar do mundo há um ditador ou um governante que

---

13. FRANCISCO, *Encontro com as autoridades, a sociedade civil e o corpo diplomático no jardim do "Palais de la Nation" em Kinshasa*, 31 de janeiro de 2023.
14. Cf. FRANCISCO, *Discurso ao II Encontro mundial dos movimentos populares*, 9 de julho de 2015.
15. Cf. FRANCISCO, *Mensagem para o 109º Dia mundial do migrante e do refugiado 2023*, 11 de maio de 2023.

recebe uma mala cheia de dinheiro em troca da doação de recursos do seu país, é porque do outro lado está o gerente de uma multinacional que lhe oferece essa pasta.

A tarefa é difícil quando vemos "tantos países em vias de desenvolvimento, atribulados por instabilidade, regimes, guerras e desertificação, que olham para os países que estão bem, num mundo globalizado onde estamos todos conectados, mas onde os desníveis nunca foram tão acentuados".[16]

Portanto, uma vez criadas as condições para que qualquer pessoa que queira desenvolver-se no próprio território o possa fazer, a solução não é rejeitar, mas sim garantir um grande número de entradas legais e regulares em todos os lugares do planeta, sempre dentro do alcance das possibilidades de cada país.

Essa é a única maneira viável de derrotar os traficantes de pessoas que se aproveitam da ilegalidade da imigração para vender a falsa ilusão de entrada em um país para aqueles que buscam um destino melhor. Os migrantes são frequentemente despojados de seus pertences, submetidos a abusos sexuais, maltratados, abandonados a si mesmos no meio da jornada e até mesmo mortos. E esse é um mal global, que acontece em um deserto do continente americano, em um mar europeu, em uma montanha no Oriente Próximo.

---

16. Cf. FRANCISCO, *Discurso à sessão conclusiva dos "Rencontres méditerranéenes"*, Palais du Pharo, Marselha, 23 de setembro de 2023.

A questão migratória preocupa não apenas os países de origem, mas também os países de trânsito, onde continuam a se espalhar histórias de abuso físico e psicológico contra migrantes, às vezes detidos ilegalmente em centros onde os direitos humanos não são respeitados. Eu pude ver com meus próprios olhos a tortura a que são submetidas as pessoas presas em campos de concentração em um dos países de onde parte a maioria dos barcos para a Europa. Isso é uma crueldade indizível.

Estamos falando de irmãos e irmãs que, na maioria dos casos, não só venderam tudo o que tinham pelo sonho de uma vida melhor, como muitos deles percorreram milhares de quilômetros em condições desumanas só para se aproximarem da passagem direta para aquela que consideram a terra prometida. Não só na África: imagens de caravanas de quilômetros de extensão cruzando a América Central de sul a norte deram a volta ao mundo, até chegarem a um ponto em que as pessoas que compõem a caravana são torturadas por traficantes em um dos países de trânsito. Ao assistirmos a essas situações devemos nos perguntar se não há, no mínimo, uma omissão ou cumplicidade das forças de segurança e do poder político dos países de destino.

Poderiam nos fazer refletir as palavras de um grupo de bispos de fronteira do continente americano, os quais denunciaram que as políticas migratórias praticadas por um país de destino e por um país de trânsito "colocaram os migrantes em situações de maior vulnerabilidade, causando incerteza, rejeição, perseguição e violação de seus direitos humanos, expondo-os a cair nas mãos de organizações criminosas para chegarem ao seu destino", enquanto a militarização da área "levou a abusos de autoridade, detenções arbitrárias e separação das famílias".[17]

A ideia de trabalhar em conjunto é assustadora, mas possível. É um esforço que começa perguntando a nós mesmos o que podemos fazer, mas também o que devemos parar de fazer. E não há dúvida de que "devemos prodigalizar-nos para deter a corrida armamentista, o colonialismo econômico, a pilhagem dos recursos alheios, a devastação da nossa casa comum".[18]

Precisamos iniciar um processo que nos ofereça uma solução de médio e longo prazo para a questão da imigração, mas, ao mesmo tempo, somos chamados a ter o máximo respeito pela dignidade de cada migrante. Isso significa acompanhar e gerenciar os fluxos da melhor forma possível, construindo pontes e não muros, expandindo canais para uma migração segura e regular.

Seja qual for o país em que um ser humano decida construir o seu futuro e o da sua família, o importante é que nesse lugar exista sempre uma comunidade disposta a acolher, proteger, promover e integrar a todos,

---

17. OBISPOS DE LA FRONTERA DE TEXAS Y MEXICO, *Unidos construyendo el futuro con los migrantes*, 7 de janeiro de 2024.
18. FRANCISCO, *Mensagem para o 109º Dia mundial do migrante e do refugiado 2023*, 11 de maio de 2023.

sem distinções e sem excluir ninguém. Esses são os quatro verbos que nos ajudarão a manter viva a esperança dos nossos irmãos migrantes.

ACOLHER, PROTEGER, PROMOVER, INTEGRAR

Devemos promover leis que respeitem os direitos humanos fundamentais, nas quais sejam atendidas as necessidades tanto das populações locais quanto daquelas que necessitam de uma política de imigração humana para sobreviver; devem também levar em conta a capacidade de cada país de acolher irmãos de outras latitudes.

Já expressei várias vezes a minha posição sobre os migrantes: eles devem ser acolhidos, protegidos ou acompanhados, promovidos e integrados. Diante das crescentes adversidades que surgem em todas as partes do planeta, o critério principal não pode ser a preservação do próprio bem-estar, mas sim a salvaguarda da dignidade humana. Os quatro verbos que indico podem nos guiar para uma política fraterna e solidária com os migrantes e, ao mesmo tempo, traçam o mapa da relação a ser mantida com os habitantes de todas as periferias.

Acolher significa abrir a porta, dentro das possibilidades de cada país, depois de ter verificado o número de pessoas que este tem condições de acolher. Também significa facilitar os mecanismos para que migrantes e refugiados possam entrar nos países de destino de modo seguro e legal. Penso, por exemplo, entre as iniciativas possíveis, nas vias que poderiam ser exploradas para aumentar e simplificar a concessão de vistos, especialmente aqueles concedidos por razões humanitárias e para reunificação familiar; para impedir as deportações que separam as mães dos seus filhos; prestar assistência consular adequada e garantir acesso à saúde, justiça e liberdade religiosa.

Nós recebemos a vida gratuitamente, não a compramos. Todos somos chamados a dar sem esperar nada, a fazer o bem sem pretender uma retribuição. Jesus disse a seus discípulos: "De graça recebestes, de graça dai" (Mateus 10,8). Sigamos esse exemplo ao acolher estrangeiros, mesmo que neste momento não obtenhamos nenhum benefício tangível disso. Sabemos que alguns países pretendem abrir as suas portas apenas a cientistas ou investidores, mas não podemos permitir que os migrantes, que já sofreram um verdadeiro martírio, sejam também divididos em pessoas de primeira e segunda categoria, segundo critérios utilitários que desrespeitam a dignidade, que deveria ser independente de religião, raça, cor dos olhos ou nível de estudos.

Além de acolher, proteger. O status de imigração deve ser uma questão secundária à personalidade de cada um dos nossos irmãos e irmãs migrantes. Essa proteção, que deve começar no lugar de origem, também deve ser garantida durante toda a viagem e no lugar de chegada. A colaboração das autoridades locais é essencial para garantir a quem chega o direito básico de que não lhes sejam negados documentos, de que não sejam perseguidos pela polícia devido ao seu estatuto de migrante, de que, se precisarem, terão a possibilidade de utilizar um mínimo de assistência médica.

Há também gestos mínimos, cotidianos, de proteção: é preciso erradicar da linguagem o uso da nacionalidade ou da cor da pele do irmão migrante como forma de insulto.

"Tuas portas estarão sempre abertas, não se fecharão nem de dia nem de noite, a fim de que se traga a ti a riqueza das nações" (Isaías 60,11). A presença de migrantes e refugiados representa um enorme desafio, mas também uma oportunidade de crescimento cultural e espiritual para todos. Uma vez acolhidos e protegidos, os migrantes devem ser promovidos. Ao pedir que as portas se abram para eles, exorto também a que se favoreça seu desenvolvimento integral, dando-lhes a possibilidade de se realizarem como pessoas em todas as dimensões que compõem a humanidade desejada pelo Criador.

Penso, em particular, nos importantes passos para a frente que são necessários para promover a integração social e laboral dos migrantes e refugiados, nas oportunidades de emprego que é necessário garantir também aos requerentes de asilo de diferentes tipos e, ao mesmo tempo, em uma oferta consistente de cursos de formação linguística e de cidadania ativa, bem como de informação adequada na própria língua. Na Itália, temos o exemplo de um jovem padre, Dom Mattia Ferrari, que não apenas se envolve em operações de resgate no mar, mas também, com seu grupo, garante uma integração sustentável e suportável no destino.

Por outro lado, uma migração bem gerida poderia ajudar a resolver a grave crise causada pelo declínio da taxa de natalidade em muitos países, sobretudo europeus. É um problema muito sério, e as pessoas que chegam de outras nações podem ajudar a resolvê-lo, se estiverem totalmente integradas e pararem de ser consideradas cidadãs de "segunda categoria".

A integração do migrante na chegada é de fundamental importância. Corremos o risco de que o que alguns veem como salvação no presente se torne uma condenação para o futuro. As próximas gerações nos agradecerão se tivermos conseguido criar as condições para uma imprescindível integração, e, por outro lado, nos culparão se tivermos apenas favorecido estéreis assimilações.[19] Refiro-me a uma integração que é comparável em características a um poliedro, isto é, no qual cada um mantém as próprias características; é um modelo diferente da assimilação, que não leva em conta as diferenças e adere rigidamente aos próprios paradigmas.

---

19. Cf. FRANCISCO, *Discurso à sessão conclusiva dos "Rencontres méditerranéenes"*, Palais du Pharo, Marselha, 23 de setembro de 2023.

O ideal integrativo contribui para um maior conhecimento de cada indivíduo. Se desde crianças se "misturarem" com outras pessoas, muitas barreiras e preconceitos podem ser superados, e a identidade pessoal de cada um tem a oportunidade de se desenvolver em um contexto de enriquecimento mútuo.

Ao mesmo tempo, assim como quem acolhe é chamado a promover o desenvolvimento humano integral, de quem é acolhido se exige que respeite as regras do país de acolhimento. Assim, ambos sairão enriquecidos da troca. O todo é maior que as partes.

Agir em sintonia com estes quatro verbos significa ser um bom cristão. O *Catecismo da Igreja Católica* nos diz que: "As nações mais abastadas devem acolher, tanto quanto possível, *o estrangeiro* em busca da segurança e dos recursos vitais que não consegue encontrar no seu país de origem. Os poderes públicos devem velar pelo respeito do direito natural que coloca o hóspede sob a proteção daqueles que o recebem" (CIC, 2.241).

De qualquer forma, isso não isenta de responsabilidades quem chega em um novo país, porque "o imigrado tem a obrigação de respeitar com reconhecimento o patrimônio material e espiritual do país que o acolheu, de obedecer às suas leis e de contribuir para o seu bem" (*ibid.*).

As Escrituras nos recordam: "Não vos esqueçais da hospitalidade, porque graças a ela alguns, sem saber, acolheram anjos" (Hebreus 13,2). Hoje a fidelidade ao

Evangelho passa também por acolher, proteger, promover e integrar.

CRIANÇAS MIGRANTES

"Aquele que receber uma destas crianças por causa do meu nome, a mim recebe; e aquele que me recebe, não é a mim que recebe, mas sim àquele que me enviou" (Marcos 9,37; cf. Mateus 18,5; Lucas 9,48; João 13,20).

Nessa tragédia que envolve milhões de pessoas diante da evidência de que a esperança de uma vida melhor às vezes se transforma em um caminho para a morte, são sobretudo as crianças que mais sofrem as graves consequências da emigração.

Esses menores chegam profundamente abalados por dramas muito maiores do que eles, pois testemunharam tragédias que os marcarão para o resto da vida.

São vidas jovens e indefesas, mesmo perante a propagação de pragas monstruosas como o tráfico de crianças, a exploração e o abuso de menores e, em geral, a privação dos direitos próprios dessa idade, consagrados na Convenção internacional sobre os direitos da infância.

As crianças "entre os migrantes, [...] constituem o grupo mais vulnerável, porque, enquanto assomam à vida, são invisíveis e sem voz: a precariedade priva-as de documentos, escondendo-as aos olhos do mundo;

a ausência de adultos, que as acompanhem, impede que a sua voz se erga e faça ouvir".[20]

Em primeiro lugar, elas devem ser acomodadas em instalações adequadas e não em centros de acolhimento para adultos. Devemos prestar atenção especial aos menores que migram sozinhos ou separados de suas famílias. Correram o mundo imagens de alguns centros de detenção que revelavam menores enjaulados de um lado da fronteira e outros membros de suas famílias deportados do outro. O que aconteceu com nossos corações para nos fazer aceitar esse tipo de realidade?

Além dos perigos que correm como qualquer outro migrante, as crianças frequentemente se deparam com uma série de obstáculos burocráticos que, em muitos casos, lhes negam até mesmo o direito universal à nacionalidade. Peço à comunidade internacional que preste especial atenção a essa realidade, para que a apatridia deixe de ser mais uma consequência da já difícil situação existencial desses menores.

Estamos profundamente preocupados com a segurança e o bem-estar do número crescente de crianças em trânsito, muitas das quais estão desacompanhadas ou separadas de suas famílias. Em um país europeu, dados oficiais mostram que 1.500 menores desacompanhados chegaram a cada mês durante 2023. Eles não podem esperar. Devemos priorizar

---

20. FRANCISCO, *Mensagem para o 103º Dia mundial do migrante e do refugiado 2017*, 8 de setembro de 2016.

os melhores interesses deles e a reunificação familiar nas políticas e nas práticas relevantes.

"A condição dos migrantes de menor idade é ainda mais grave quando se encontram em situação irregular ou quando estão ao serviço da criminalidade organizada."[21] O destino deles muitas vezes se resume a um centro de detenção onde dividem o teto com adultos, a deportações ou à cooptação por redes de tráfico.

Como recordou o meu predecessor Bento XVI, devem ser adotadas todas as medidas necessárias para garantir a proteção e a defesa das crianças migrantes, uma vez que "estes jovens com frequência acabam na estrada deixados a si mesmos e à mercê de exploradores sem escrúpulos que, muitas vezes, os transformam em objeto de violência física, moral e sexual".[22]

Infelizmente, vemos como a linha entre emigração e tráfico às vezes pode ser muito tênue. O tráfico de pessoas é uma praga alimentada por muitos fatores que fazem das crianças migrantes um alvo fácil. É uma vergonha que isso aconteça em sociedades que se consideram civilizadas. Faço minhas as palavras do Dicastério para a doutrina da fé, que considerou que "o tráfico de pessoas humanas deve também ser contado como violação grave da dignidade humana" (DI 41).

---

21. *Ibid.*
22. BENTO XVI, *Mensagem para o 94º Dia mundial do migrante e do refugiado 2008*, 18 de outubro de 2007.

Devemos combatê-lo com todas as nossas forças, especialmente em casos de exploração e abuso infantil. A menos que encontremos um modo de intervir com maior rigor e eficácia contra os exploradores, não será possível pôr fim às muitas formas de escravidão de que os menores são vítimas. Não deixemos que o sorriso de esperança se apague de seus rostos.

Nem tudo são más notícias. Algumas iniciativas colocam resolutamente os menores migrantes no centro de sua missão. Eu gostaria de destacar em especial o exemplo da freira Norma Pimentel e de sua equipe. Por mais de três décadas, a Irmã Norma esteve na linha de frente apoiando refugiados e migrantes naquela faixa de terra que separa o Texas do México, onde muitos morreram ao longo dos anos. Em particular, milhares e milhares de crianças passaram por seus centros para receber um acolhimento humano com um rosto humano.

Apenas na última década, a Irmã Norma acolheu mais de 23 mil pessoas vulneráveis e ofereceu comida quente aos famintos, remédios aos doentes e todo tipo de conselho e ajuda emergencial a qualquer um que quisesse continuar sua jornada. A maioria deles perdeu tudo; não deixemos que eles percam também a esperança.

ABRIR-SE AO PRÓXIMO

Abramo-nos ao encontro com o próximo. Em um quadro no qual nacionalismos fechados e agressivos (cf. FT 11) e individualismos radicais (cf. FT 105) decompõem ou dividem a família humana, as pessoas que chegam aos nossos países têm muito a contribuir para um nós cada vez maior que podemos construir. Devemos estender a mão aberta da humanidade. Não podemos esquecer que, em muitos casos, essas são pessoas que foram testadas por dias, semanas, meses de vicissitudes.

É um erro acreditar que, no mundo hiperglobalizado de hoje, alguns possam se desenvolver independentemente da ruína dos outros e que, fechando-se para os outros, poderão se proteger melhor. O progresso dos outros não deve ser apoiado apenas por uma questão de humanidade. Quem olha tudo como se fosse um balanço contábil deveria até chegar a uma dedução racional: nosso futuro está ligado ao deles, ninguém pode se salvar sozinho.

Jesus Cristo sempre espera que o reconheçamos nos emigrantes e nos deslocados, nos refugiados e nos exilados, e nos chama a compartilhar nossos recursos e, às vezes, a renunciar ao nosso bem-estar. São Paulo VI nos recordou que "os mais favorecidos devem renunciar a alguns dos seus direitos, para poder colocar, com mais liberalidade, os seus bens ao serviço dos outros".[23]

---

23. PAULO VI, Carta apostólica *Octogesima adveniens*, 14 de maio de 1971, n. 23.

Devemos viver em uma casa comum onde cada um possa morar no canto que quiser. Mas se a migração continua sendo uma opção, precisamos criar condições para acolher, proteger, promover e integrar. Esses verbos não se aplicam apenas a migrantes e refugiados. Eles devem ser a diretriz do nosso comportamento com todos os habitantes das periferias existenciais e materiais.

Além das indispensáveis ações de solidariedade para com os migrantes e refugiados, é necessário que consigamos desenvolver, por um lado, uma ordem econômica e financeira mais justa e equitativa a nível mundial e, por outro, um maior compromisso com a paz, condição indispensável para o progresso autêntico de todos. Sem exceções.

Se colocamos em prática esses verbos, contribuímos para construir a cidade de Deus e do homem segundo o ideal da nova Jerusalém (cf. Isaías 60; Apocalipse 21,2), onde todos os povos se unem, em paz e harmonia, para celebrar a bondade de Deus e as maravilhas da criação: "Partos, medos e elamitas; habitantes da Mesopotâmia, da Judeia e da Capadócia, do Ponto e da Ásia, da Frígia e da Panfília, do Egito e das regiões da Líbia próximas de Cirene; romanos que aqui residem; tanto judeus como prosélitos, cretenses e árabes, nós os ouvimos anunciar em nossas próprias línguas as maravilhas de Deus!" (Atos dos Apóstolos 2,9-11).

O ponto de partida continua sendo a afirmação de que é "sempre urgente recordar que cada migrante é uma pessoa humana que, enquanto tal, possui direitos fundamentais inalienáveis que devem ser respeitados por todos em todas as situações" (DI 40).

Hoje é impossível para qualquer um de nós pensar em passar vinte e quatro horas sem contato direto com uma história de migração: o médico que nos trata, a pessoa que cultiva a terra de onde vem a nossa comida, o engenheiro que construiu o nosso computador, o caixa do supermercado onde fazemos compras, o chefe no nosso local de trabalho.

Os migrantes têm muito a nos dar. Ao longo da história, todas as civilizações foram construídas sobre as pequenas esperanças que aqueles que emigraram depositaram uns nos outros em seus países de destino. Que não nos aconteça interromper o ciclo. Vamos ajudá-los. Não é possível que alguém morra de esperança.

4
O ROSTO DE UM CIVIL DURANTE A GUERRA

Oitenta e cinco anos atrás, o Papa Pio XII nos alertou que "nada se perde com a paz. Tudo pode ser perdido com a guerra".[1] Já em pleno século XXI, ainda não aprendemos a lição. Se olharmos ao nosso redor, vemos um mundo cada vez mais ferido, onde milhões de pessoas sofrem diariamente os efeitos de conflitos prolongados e ameaças que atingem todo o planeta.

O escuro labirinto de morte e destruição em que estamos imersos não nos dá muitas razões para pensar que sairemos dele. Estamos em um momento no qual "esquecida dos dramas do passado, a humanidade

---

1. PIO XII, *Radiomensagem aos governantes e aos povos no iminente perigo de guerra*, 24 de agosto de 1939.

encontra-se de novo submetida a uma difícil prova que vê muitas populações oprimidas pela brutalidade da violência" (SNC 8). Apesar do desejo de fraternidade dos nossos povos, vemos que os planos dos poderosos da Terra não dão confiança às justas aspirações daqueles que, como nós, desejam ver realizados os planos de Deus, que são "desígnios de paz e não de desgraça" (Jeremias 29,11).

O sofrimento de todos e cada um dos nossos irmãos e irmãs abala as nossas consciências e nos obriga a não ficar em silêncio, a não ficar indiferentes à violência de Caim e ao grito de Abel, mas a levantar forte a voz para gritar, como o meu amado São Paulo VI há sessenta anos: "nunca mais a guerra, nunca mais a guerra. É a paz, a paz que deve guiar o destino dos povos e de toda a humanidade!".[2]

Toda guerra deixa o mundo pior do que o encontrou. Os Padres Conciliares afirmaram claramente que os danos causados por um conflito armado não são apenas materiais, mas também morais (cf. GS 79). A guerra é um fracasso da política e da humanidade, uma rendição vergonhosa, uma derrota contra as forças do mal.

Apesar de tudo, ainda há um vislumbre de esperança. Vemos isso todos os dias naqueles homens, mulheres e crianças civis que sofrem os infortúnios dos conflitos

---

2. PAULO VI, *Discurso às Nações Unidas*, Nova Iorque, 4 de outubro de 1965.

armados. São mães, filhos ou irmãos de alguém alistado na frente de batalha; são pessoas cujas vidas diárias são interrompidas por bombardeios ou recrutamentos em massa; são aqueles que perdem um ente querido no que os senhores da guerra, posteriormente, consideram "danos colaterais". Penso todos os dias nesses rostos de esperança para pedir a Deus o fim de todo conflito armado.

Temos, e faz parte da nossa doutrina, o dever de "proteger e ajudar" os irmãos e as irmãs inocentes (CDS 504). Sobretudo em contextos em que "a população civil é atingida, por vezes também como objetivo bélico" (*ibid.*) A dignidade inalienável de toda pessoa humana, o seu direito ilimitado à vida, devem sempre ter a precedência sobre os interesses das partes em conflito.

A Santa Sé nunca deixou, nesse sentido, de promover a humanização dos efeitos dos conflitos armados. Ela tem buscado a proteção incondicional da população civil e dos bens essenciais à sua sobrevivência, o respeito às equipes sanitária e religiosa, a proteção de seus bens de toda natureza, bem como do meio ambiente natural, nossa casa comum.

Ainda há, entretanto, muito a ser feito. Mais de sete anos atrás, quando as rajadas de morte que hoje nos atravessam de norte a sul e de oeste a leste ainda não tinham cruzado os nossos céus, eu lembrava que "não obstante a louvável tentativa, através da codificação do direito humanitário, de reduzir as consequências negativas das hostilidades sobre a população civil, com frequência de diversos teatros de guerra, chegam testemunhos de crimes atrozes, de verdadeiros ultrajes às pessoas e à sua dignidade, cometidos com desprezo a qualquer consideração elementar de humanidade".[3]

Penso sobretudo nas populações civis que sofrem por causa dessa fragmentada Terceira Guerra Mundial que está caracterizando a era moderna. Os recentes conflitos abertos em muitas partes do mundo nos deixaram com imagens grosseiras de voluntários covardemente assassinados a distância, de jovens sequestrados, de jornalistas que tentam lançar luz sobre eventos e são transformados em alvos fixos dos exércitos. Onde havia sementes de esperança, foram semeadas tempestades de violência.

Eu gostaria de me referir em particular a algumas realidades específicas que mostram quão cruel é envolver civis em conflitos. Refiro-me, por exemplo, à tragédia das minas antipessoais, ao crime hediondo das crianças-soldado e a todos os outros crimes de guerra cometidos contra os indefesos e os mais fracos durante um conflito armado, incluindo a destruição do rico patrimônio cultural da humanidade e de lugares de adoração.

As populações civis em muitas partes do mundo ainda estão tentando proibir, onde quer que seja, as

---

3. FRANCISCO, *Discurso aos participantes da Conferência sobre o direito internacional humanitário*, 28 de outubro de 2017.

minas terrestres, que matam indiscriminadamente pessoas inocentes, mesmo anos depois de terem sido colocadas. São feridas abertas que lembram milhões de pessoas das cicatrizes vivas de conflitos passados. Esses dispositivos sinistros nos mostram não apenas as consequências dramáticas das guerras, mas também a obstinação daqueles que querem matar a todo custo, a todo momento, em todos os conflitos.

As minas terrestres são um rastro de morte deixado após as consequências já devastadoras dos conflitos armados. Elas continuam a atacar civis inocentes, especialmente crianças, mesmo muitos anos após o fim das hostilidades. De acordo com estatísticas recentes, apenas em 2023, mais de mil pessoas em todo o mundo foram mortas dessa maneira cruel.[4] Eram crianças caminhando com suas famílias, pais indo para o trabalho, pessoas cultivando a terra. Em todas elas havia a esperança de viver em paz depois de um conflito.

Por isso, quero expressar minha gratidão a todos aqueles que oferecem sua contribuição para ajudar as vítimas e limpar as áreas infestadas. Mais de vinte e cinco anos se passaram desde que as associações que trabalham para erradicar esse artefato foram premiadas nos mais altos níveis mundiais, mas, apesar disso, sua luta continua. A legislação internacional vigente deve

---

4. Cf. Campanha internacional para banir minas terrestres, *Relatório 2023*.

ser respeitada e seus objetivos devem ser alcançados para cumprir a obrigação moral, política e legal de pôr fim à destruição em massa e em câmera lenta representada por esses dispositivos.

As guerras deveriam terminar assim que as hostilidades cessam. A luta pela eliminação das minas terrestres é um exemplo de que muitos de nós acreditamos que, mesmo em um contexto monstruoso como a guerra, os vestígios de humanidade que nos caracterizam não deveriam ser perdidos.

Outra face da crueldade dos conflitos armados contra populações civis é o recrutamento de menores para exércitos. Cada criança recrutada é um golpe para o futuro da humanidade. Cada criança inscrita abre uma ferida no corpo de Jesus, que nos disse: "cada vez que o fizestes a um desses meus irmãos mais pequeninos, a mim o fizestes" (Mateus 25,40-41). As crianças não têm voz para aparecer na grande mídia e denunciar como sua dignidade é violada da forma mais flagrante. Mas cada um deles é um grito que sobe a Deus e acusa os adultos que colocaram armas em suas pequenas mãos. Não deixemos que roubem a esperança deles.

São milhares as crianças que hoje, em vez de brincar na praça, ir à escola ou crescer no amor de uma família, participam de grupos e forças armadas com diferentes funções, como combatentes, cozinheiros, mensageiros, espiões ou com o propósito de exploração sexual.

Esse comportamento não apenas constitui uma grave ofensa a Deus, mas também viola os direitos das crianças e desumaniza os adultos envolvidos. É uma praga social que exige o comprometimento de toda a sociedade.

As crianças-soldados são privadas de sua infância, de sua inocência, de seu futuro e, muitas vezes, da própria vida. Não há tradição ou cultura que justifique separar crianças de suas famílias para serem recrutadas por organizações militares que cometem todo tipo de abusos contra elas. Vamos acabar com esse crime hediondo.

Esses sofrimentos são reforçados pelo fato de que "as guerras hodiernas já não se desenrolam apenas em campos de batalha delimitados, nem dizem respeito apenas aos soldados. Num contexto em que parece já não ser observada a distinção entre objetivos militares e civis, não há conflito que não acabe de alguma forma por atingir indiscriminadamente a população civil".[5] Nesse sentido, todos nós temos presentes as imagens de algumas das guerras mais recentes, como a da Ucrânia e a de Gaza.

As graves violações do direito internacional humanitário são crimes de guerra. Não podemos permitir que a morte de civis indefesos, seus ferimentos a ponto

---

5. FRANCISCO, *Discurso aos membros do corpo diplomático acreditado junto à Santa Sé para as felicitações de ano novo*, 8 de janeiro de 2024.

de amputações graves ou a destruição de seu ambiente natural sejam considerados danos colaterais. São vítimas cujo sangue inocente clama aos céus e implora pelo fim de todas as guerras.

Outra forma de crueldade contra a população civil ocorre por meio da destruição deliberada do patrimônio cultural dos povos e da humanidade. Mesmo perante as novas escaladas em áreas de particular riqueza histórica, constatamos com dor que "prosseguem as notícias de antigas cidades, com os seus tesouros culturais milenares, reduzidas a cúmulos de destroços, de hospitais e escolas tornados objetos de ataques deliberados e destruidores, privando assim inteiras gerações do seu direito à vida, à saúde e à educação".[6] E ainda vemos que, em nome de necessidades militares, ataques são frequentemente planejados contra esses locais, apesar de eles desfrutarem da proteção garantida pelo direito internacional humanitário. Isso é uma grave ofensa ao valor da vida humana, que nunca deve ser comprometido por essas estratégias.

No *Catecismo* se afirma que "Toda a ação bélica, que tende indiscriminadamente à destruição de cidades inteiras ou vastas regiões com os seus habitantes, é um crime contra Deus e o próprio homem, que se deve condenar com firmeza, sem hesitação" (CIC 2.314).

---

6. FRANCISCO, *Discurso aos participantes da Conferência sobre o direito internacional humanitário*, 28 de outubro de 2017.

Uma imagem me ocorreu enquanto eu escrevia este livro e resume esse drama. Trata-se de uma fotografia que foi chamada de "A Pietà de Gaza", na qual uma mulher cujo rosto não é visível segura nos braços, coberto por um lençol branco, o corpo sem vida de sua neta de cinco anos, que acaba de ser morta em um bombardeio junto a outros membros de sua família. A foto, tirada no necrotério de um hospital, transmite força e tristeza e destaca a dor inimaginável de uma perda causada pela devastação da guerra.

Sempre que ocorre a tragédia de um conflito armado, é nosso dever, como homens e mulheres de boa vontade, reiterar que o princípio humanitário, gravado no coração de todos os povos, inclui o dever de proteger os civis das consequências de toda guerra. Em seus rostos, ainda que feridos por tanto mal que os cerca, reside grande parte da esperança da humanidade.

Quero dedicar uma palavra de conforto especialmente a todas as mães e a todos os pais cujos filhos morreram por causa das guerras. Já na Antiguidade, o historiador Heródoto mostrava a convulsão geracional causada pelos conflitos, enfatizando que na guerra não são os filhos que enterram seus pais, mas os pais que enterram seus filhos.[7] Se as mães grávidas são um dos grandes rostos da esperança, o fato de uma guerra levar seus filhos é um sinal de desespero total.

---

7. Cf. Heródoto, *Histórias* I, 87.

Havia esperança naqueles que seguiram Jesus depois do Calvário. Penso na figura de Maria, que lembra a de muitas mães que perderam os seus filhos, sobretudo aqueles caídos na frente de batalha e que muitas vezes nem sequer têm a possibilidade de um enterro digno. Eu estive em um cemitério nos arredores de Roma onde estão enterrados centenas de jovens, alguns como N.N. Lá, "olhei a idade desses caídos, a maioria entre 20 e 30 anos. Vidas ceifadas. E pensei nos pais, nas mães que recebem aquela carta: 'Senhora, tenho a honra de lhe dizer que tem um filho herói'. 'Sim, herói, mas tiraram ele de mim'. Tantas lágrimas nestas vidas interrompidas".[8]

É a única coisa que nos une em um conflito: a dor de quem perdeu um ente querido.

Este ano também tive a oportunidade de me encontrar com dois pais que perderam suas filhas em um dos conflitos atuais. Um de cada parte em guerra. Duas pessoas unidas pela maior dor de um pai. A história deles me emocionou: depois de receberem a pior notícia, eles se encontraram e semearam sua dor na boa terra da esperança para imediatamente fazer crescer do mal os frutos do bem e da reconciliação. Ambos perderam suas filhas nesse conflito e agora são amigos; não olham para a inimizade da guerra, mas sim para a amizade de

---

8. FRANCISCO, *Visita ao cemitério do Testaccio*, Roma, 2 de novembro de 2023.

dois homens que se amam e que passaram pela mesma crucificação.

Mais uma vez, são homens, mulheres e crianças que pagam o preço da guerra, enquanto alguns outros enriquecem com seus custos.

O CUSTO DA GUERRA

Sessenta anos atrás, o santo Papa Paulo VI, fez ao mundo um apelo que ainda hoje choca por sua atualidade: "Queiram os céus que as nações cessem sua corrida armamentista e, em vez disso, dediquem seus recursos e energias à assistência fraterna das nações subdesenvolvidas. Que cada nação, cultivando pensamentos de paz e não de aflição e de guerra, disponibilize ao menos uma parte das somas destinadas aos armamentos para constituir um grande fundo mundial que ajude a suprir as muitas necessidades de alimentação, de vestuário, de moradia e de assistência médica que afligem muitos povos".[9]

A guerra é uma das atividades mais lucrativas desde o início da humanidade. Isso parece paradoxal em um momento no qual a civilização está cada vez mais convencida de que vive uma era de progresso sem precedentes. Quanto podemos estar orgulhosos dos pontos

---

9. PAULO VI, *Saudação aos jornalistas durante viagem à Índia*, 4 de dezembro de 1964.

percentuais de produção que aumentam as economias das nações se o fazem ao custo de colocar armas nas mãos de nossos irmãos para que matem uns aos outros?

Do ponto de vista econômico, a guerra atrai mais do que a paz, pois favorece o lucro, mas sempre para poucos e em detrimento do bem-estar de populações inteiras. Mais de meio século atrás, alguém disse: "Tornem as guerras inúteis e as tornarão impossíveis". O dinheiro ganho com a venda de armas é sujo de sangue inocente.[10]

João XXIII, de santa memória, foi um dos primeiros a afirmar em público que: "É-nos igualmente doloroso constatar como em estados economicamente mais desenvolvidos se fabricaram e ainda se fabricam gigantescos armamentos. Gastam-se nisso somas enormes de recursos materiais e energias espirituais. Impõem-se sacrifícios nada leves aos cidadãos dos respectivos países, enquanto outras nações carecem da ajuda indispensável ao próprio desenvolvimento econômico e social" (PT 109).

Essa corrida descontrolada por armamentos muitas vezes é tristemente justificada pela suposta necessidade de garantir a paz por meio de mais armas, com um poder destrutivo cada vez maior. Desse modo, há mais de meio século, ficamos presos em um círculo vicioso no qual se um país ou bloco compra mais armas, o

---

10. Cf. FRANCISCO, *Discurso ao Conselho de segurança das Nações Unidas*, 14 de junho de 2023.

outro faz o mesmo. Esse jogo destrutivo de espelhos se torna ainda mais intolerável quando falamos da escalada sem fim na posse de armas atômicas e nucleares.

Os padres conciliares afirmavam, mais de cinquenta anos atrás, que: "a corrida aos armamentos, a que se entregam muitas nações, não é caminho seguro para uma firme manutenção da paz; e de que o pretenso equilíbrio daí resultante não é uma paz segura nem verdadeira. Corre-se o perigo de que, com isso, em vez de se eliminarem as causas da guerra, antes se agravem progressivamente" (GS 81).

Depois, São João Paulo II se perguntou, na sua grande encíclica: "Como justificar o fato de que ingentes somas de dinheiro, que poderiam e deveriam ser destinadas a incrementar o desenvolvimento dos povos, em vez disso são utilizadas para o enriquecimento de indivíduos ou grupos, ou então para aumentar os arsenais de armas, quer nos países desenvolvidos, quer naqueles que estão em vias de desenvolvimento, alterando assim as verdadeiras prioridades?" (SRS 10).

Esse mercado da morte se torna ainda mais perverso quando os países desenvolvidos tentam se livrar dos velhos arsenais e forçam os mais pobres a adquiri-los. Ainda por cima, muitas vezes estes últimos têm de recorrer ao crédito dos vendedores para obter armas antiquadas, com as quais não conseguiriam sequer enfrentar uma invasão por parte dos interessados em tomar posse das suas riquezas. Depois, o pagamento desses empréstimos é exigido com juros exorbitantes, como se o dinheiro tivesse sido usado para construir escolas, hospitais ou infraestrutura. Outras vezes, a venda de armas de determinado produtor é usada pelos países onde essas fábricas operam como uma forma de enquadramento geopolítico que serve de estrutura para subjugação financeira. Não são apenas as armas, é o sistema que mata.

Estamos, portanto, diante de um fenômeno estranho: enquanto os planos de ajuda econômica e desenvolvimento esbarram no obstáculo de intransponíveis barreiras ideológicas, tarifárias e de mercado, armas de qualquer origem circulam com liberdade quase absoluta em diferentes partes do mundo. Em alguns lugares, também são vendidas em shopping centers.

Em muitos casos, a proliferação das guerras também responde à necessidade de criar campos de testes concretos para novas armas, nos quais são investidos milhões que poderiam ser usados para promover um verdadeiro desenvolvimento humano integral. Povos e cidades usados como "vitrines" para os fabricantes da morte.

Lembro do modo como, há mais de cinquenta anos, estes últimos foram desafiados por um dos últimos vencedores do Prêmio Nobel de Literatura, o cantor e compositor Bob Dylan, com as palavras de sua canção "Masters of War" [Mestres da Guerra], na qual fala daqueles que constroem canhões, aviões mortais, bombas e depois se escondem "atrás de mesas". Um texto importante que vos convido a ouvir com atenção.

É por isso que "para dizer 'não' à guerra, é preciso dizer 'não' às armas. [...] Quantos massacres armados acontecem num silêncio ensurdecedor, ignorados por tantos!".[11]

Ressalto que "o povo, que não quer armas mas pão, que tem dificuldade em acudir às despesas quotidianas, ignora quanto dinheiro público é destinado a armamentos. E, contudo, devia sabê-lo! Fale-se disto, escreva-se sobre isto, para que se conheçam os interesses e os lucros que movem os cordelinhos das guerras".[12] Por esse motivo, precisamos que as escandalosas cifras sobre o comércio de armas venham à tona.

Em 2023, o gasto com armamentos registrou um aumento pelo nono ano consecutivo, atingindo um pico sem precedentes de US$ 2.443 bilhões, o equivalente a 2,3% do PIB global.[13] Trata-se de um aumento de 6,8% em comparação a 2022 e o maior aumento dos últimos quinze anos. Para se ter uma ideia, esse número é mil vezes maior que o orçamento total da Cruz Vermelha Internacional, com seus 20 mil operadores espalhados pelo mundo.

---

11. FRANCISCO, *Mensagem Urbi et Orbi*, 25 de dezembro de 2023.
12. *Ibid.*
13. *Sipri Yearbook*, 22 de abril de 2024.

Segundo alguns especialistas, interrompendo os gastos com armas por um ano, poderíamos acabar com a fome no mundo e fornecer educação a todos aqueles que precisam. Perante esse escândalo, seguindo os passos de Paulo VI, já propus que "uma decisão corajosa seria a constituição de um 'Fundo mundial' com o dinheiro que se gasta em armas e outras despesas militares, para poder eliminar a fome e contribuir para o desenvolvimento dos países mais pobres".[14] Fiz esse pedido quando a humanidade passava pela pior fase da pandemia. A evolução dos gastos globais com armas desde então deixou claras para mim as principais preocupações daqueles em posições de responsabilidade. Renovo, portanto, o meu apelo para que, em vez de continuar a fabricar instrumentos de morte, sejam criados mecanismos que ajudem a evitar as guerras e a emigração de muitos dos nossos irmãos e das suas famílias, obrigados a abandonar as suas casas e os seus países em busca de uma vida mais digna (cf. FT 189, 262).

O gasto com armamentos é um escândalo em um mundo onde as pessoas continuam morrendo de fome e coloca em risco a vida dos pobres e a paz mundial.

Quero citar as palavras ditas pela Santa Madre Teresa de Calcutá quando recebeu o Prêmio Nobel da Paz em 1979, para que sirvam de inspiração a todos

---

14. FRANCISCO, *Videomensagem para o Dia Mundial da Alimentação*, 16 de outubro de 2020.

aqueles que têm autoridade para decidir e deter essa corrida rumo à autodestruição: "Acredito que em nossa família não precisamos de bombas e armas, de destruir para trazer a paz. Vamos ficar juntos, vamos amar uns aos outros, vamos trazer essa paz, essa alegria, essa força da presença um do outro para o lar. E podemos vencer todo o mal que há no mundo".[15]

DO DESARMAMENTO INTEGRAL À PAZ INTEGRAL

"Felizes os que promovem a paz, porque serão chamados filhos de Deus" (Mateus 5,9). Se Jesus assim chama os pacíficos, então como se pode sustentar a ideia de fazer guerra em uma perspectiva cristã? Com exceção daqueles poucos fabricantes de armas, a guerra é sempre uma derrota na qual todos perdem.

Das Escrituras chega a nós a imagem com a qual Isaías, profetizando o Príncipe da Paz, descreveu um dia em que "uma nação não levantará a espada contra a outra", um dia no qual não "se aprenderá mais a fazer guerra", mas sim "quebrarão as suas espadas, transformando-as em relhas, e as suas lanças, a fim de fazerem podadeiras" (Isaías 2,4).

---

15. MADRE TERESA DE CALCUTÁ, *Discurso de aceitação do Prêmio Nobel*, Oslo, 11 de dezembro de 1979.

O espírito jubilar do Ano Santo que se aproxima pode nos iluminar, nos tornar peregrinos de esperança e nos levar a ações concretas para que aquele dia descrito pelo profeta chegue para toda a humanidade.

A paz, como objeto da nossa esperança, é um bem precioso ao qual toda a humanidade aspira, um horizonte tão próspero que vale a pena o esforço da jornada para alcançá-lo. A esperança na paz é um comportamento humano que contém uma tensão existencial. Nesse sentido, a esperança é a virtude que nos coloca no caminho, nos dá asas para continuar em frente, mesmo quando os obstáculos parecem intransponíveis, como muitas vezes os percebemos todos os dias.[16]

O meu predecessor Bento XVI nos recordou justamente que "a paz não é um sonho, nem uma utopia; a paz é possível".[17]

Cultivamos a esperança de poder mudar o clima de inimizade que permeia o mundo. Devemos transformar a maneira como os países se relacionam entre si para que o imperialismo, o medo do outro e a natureza lucrativa dos fabricantes de armas sejam deixados de lado e deem lugar à confiança.

Entendo que, para alguns, essas palavras possam soar como uma utopia, sobretudo se lermos as notícias

---

16. Cf. FRANCISCO, *Mensagem para a celebração do LIII Dia mundial da paz 2020*, 8 de dezembro de 2019.
17. BENTO XVI, *Mensagem para a celebração do XLVI Dia mundial da paz 2013*, 8 de dezembro de 2012.

que chegam de todos os cantos do planeta. Mas, para evitar a autodestruição da humanidade, precisamos parar a corrida armamentista, que tira recursos preciosos do combate à fome e à pobreza.

Há mais de meio século, um chefe de Estado proclamou acertadamente que "a humanidade tem de acabar com a guerra antes que a guerra acabe com a humanidade". Desde então, houve muitas guerras: não podemos continuar correndo o risco de que a próxima seja aquela que acabará por nos destruir.

É tempo de tomar a verdadeira consciência de que "a guerra pode terminar sem vencedores nem vencidos num suicídio da humanidade, e então é necessário rejeitar a lógica que a ela conduz, ou seja, a ideia de que a luta pela destruição do adversário, a contradição e a própria guerra são fatores de progresso e avanço da história" (CDS 438).

São João XXIII, mais de cinquenta anos atrás, nos exortou a fazer com que "em vez do critério de equilíbrio em armamentos que hoje mantém a paz, se abrace o princípio segundo o qual a verdadeira paz entre os povos não se baseia em tal equilíbrio, mas sim e exclusivamente na confiança mútua" (PT 113).

Nem em um casal, nem em um ambiente de trabalho e muito menos entre países: com medo não se constrói nenhum relacionamento saudável. Precisamos superar a lógica de construir vínculos baseados no terror dos outros ou na violência. Quão sustentável é a ilusão de um equilíbrio presumido que é quebrado assim que um dos dois lados adquire novas armas? Precisamos avançar em direção a uma estabilidade concreta baseada na confiança mútua. Vamos sonhar juntos. Passemos de uma lógica de comparação para uma cultura do encontro; da rivalidade à fraternidade.

Existe uma categoria capaz de descrever completamente o ponto de chegada que devemos atingir, e é o "desarmamento integral". Um desarmamento não só dos nossos arsenais, mas também, antes de tudo, dos nossos corações e dos nossos sentimentos. Apenas um ponto que põe fim ao desperdício de energia espiritual e de recursos econômicos que até agora têm sido dedicados à lógica conflituosa e que poderiam ser mais bem empregados na promoção da vida, do meio ambiente e do desenvolvimento humano integral em escala planetária.

Com essa abordagem seremos capazes de mudar a raiz do problema das disputas internacionais. Muitos conflitos bélicos começam com a perda de confiança mútua, ou seja, um vínculo fundamental entre países que deve ser construído com paciência e ações concretas. Devemos nos perguntar se a corrida armamentista ajuda a preencher o vazio criado pela falta de confiança que muitas vezes desencadeia conflitos ou se, pelo contrário, o agrava. Afinal, uma vez que conseguimos restabelecer a confiança, como podemos torná-la sustentável e duradoura?

Para construir aquela confiança que o mundo exige, sobretudo em tempos de guerra como os atuais, uma das alternativas é focar em um maior e melhor multilateralismo.

Principal emblema do multilateralismo dos últimos cem anos, a Organização das Nações Unidas foi construída sobre uma Carta que buscava expressar a rejeição aos horrores que a humanidade vivenciou durante as duas guerras do século XX. Embora a ameaça de tais atrocidades não tenha cessado, o mundo atual não é o mesmo, por isso é urgente repensar essas instituições para que respondam à nova realidade existente e sejam fruto do mais amplo consenso possível.

É preciso concretizar o desejo daqueles que, há mais de cinquenta anos, previram a necessidade de "que a Organização das Nações Unidas, nas suas estruturas e meios, se conforme cada vez mais à vastidão e nobreza de suas finalidades" (PT 114).

Confiança e esperança são o horizonte das relações internacionais que devemos tentar promover dentro das organizações multilaterais já criadas. É com base nisso que depois poderão ser buscadas e encontradas formas eficazes de empreender as reformas necessárias, às quais já me referi, e algumas das quais já estão em andamento, como repensar e ampliar o Conselho de Segurança, a questão do veto, o papel mais incisivo da Assembleia Geral, a participação adequada da sociedade civil, do mundo da cultura e do setor privado (cf. FT 173-175).

É tempo "de dizer seriamente 'não' à guerra, de afirmar que não são as guerras que são justas, mas que só a paz é justa: uma paz estável e duradoura, não construída sobre o perigoso equilíbrio da dissuasão, mas sobre a fraternidade que nos une".[18]

Apenas o diálogo pode nos levar a negociar até o ponto em que as potências que de alguma forma colonizaram os principais organismos internacionais percebam que, diante do abismo da guerra, a única saída é global. Mais do que nunca, em um momento no qual as disputas ameaçam a nossa existência e a da nossa casa comum em níveis sem precedentes, devemos entender que ninguém se salva sozinho.

Temos uma profunda convicção de que as diferenças que possam surgir entre os povos não devem ser resolvidas pela força das armas, mas por meio de negociações e acordos. E além do diálogo devemos apelar à fraternidade entre os povos, "fundamento e caminho para a paz".[19]

Uma experiência a ser levada em consideração é a do diálogo inter-religioso, prova concreta de fraternidade entre povos e nações. Durante minha viagem à Mongólia em 2023, enfatizei que "as tradições religiosas, na sua

---

18. FRANCISCO, *Discurso ao Conselho de segurança das Nações Unidas*, 14 de junho de 2023.
19. FRANCISCO, *Mensagem para a celebração do XLVII Dia mundial da paz 2014*, 8 de dezembro de 2013.

originalidade e diversidade, constituem um formidável potencial de bem ao serviço da sociedade. Se quem possui a responsabilidade das nações escolhesse o caminho do encontro e do diálogo com os outros, contribuiria certamente de forma decisiva para acabar com os conflitos que continuam a causar sofrimento a tantos povos".[20]

No contexto atual, permeado pela confiança quase absoluta no progresso tecnológico e no deus do mercado, as religiões têm a seu favor a oferta de uma harmonia baseada na dimensão transcendente, que nos lembra todos os dias que estamos sob o mesmo céu e que somos todos irmãos. Diante de uma humanidade que "com frequência, no seu caminho, é desorientada por buscas míopes de lucro e bem-estar. Muitas vezes mostra-se incapaz de encontrar a linha justa",[21] as religiões propõem uma sabedoria milenar a serviço da fraternidade e do respeito à vida.

Uma primeira contribuição fundamental que as religiões têm a oferecer ao mundo de hoje é "ser capazes de mostrar a fecundidade do diálogo construtivo para encontrar, juntos, as melhores soluções para os problemas que dizem respeito a todos".[22]

---

20. FRANCISCO, *Encontro ecumênico e inter-religioso*, Hum Theatre (Ulaanbaatar), 3 de setembro de 2003.
21. *Ibid.*
22. FRANCISCO, *Mensagem aos participantes do Fórum mundial do ecumenismo e do diálogo inter-religioso G20*, 26 de setembro de 2018.

Além do diálogo com as outras religiões, devemos aprofundar os caminhos de unidade com os nossos irmãos cristãos e visar sem hesitação um ecumenismo de paz cada vez mais centrado nos projetos que nos unem. Com relação a esse plano, ao longo do próximo Jubileu se recordará um aniversário muito significativo para todos os cristãos: os 1.700 anos da celebração do primeiro grande Concílio ecumênico de Niceia, uma etapa fundamental sobre a qual basear um novo impulso para não desistir no caminho rumo à unidade visível.

A fraternidade é um trabalho artesanal que exige paixão e paciência, experiência e amplitude de pontos de vista, tenacidade e dedicação, diálogo e diplomacia. Se nos concentrarmos nisso, pode se tornar a via de esperança de que precisamos para tomar o caminho definitivo rumo à paz.

EM DIREÇÃO A UMA VERDADEIRA PAZ INTEGRAL

O ponto de partida é o desarmamento integral. A fraternidade é o caminho. A aspiração é a paz integral. O desenvolvimento, como afirmou com coragem o Papa Paulo VI, "é o novo nome da paz" (PP 76).

"As excessivas disparidades econômicas, sociais e culturais provocam, entre os povos, tensões e discórdias, e põem em perigo a paz."[23] Se realmente queremos uma

---

23. Cf. *Ibid.*

paz duradoura, integral, não limitada à mera ausência de conflitos armados, não encontraremos em nenhum lugar um melhor modo de obtê-la do que combatendo a miséria e lutando contra a injustiça. A paz, assim como a esperança, também é uma flor frágil que devemos proteger dia após dia. Servir a esperança significa construir pontes entre civilizações.[24]

A paz só existirá se for fruto da fraternidade e do desenvolvimento integral. É difícil pensar em um cenário global de paz no qual a justiça social e internacional esteja ausente, em um contexto em que a inimizade prevalece sobre a fraternidade e são buscadas as conquistas individuais em vez dos sonhos coletivos.

A esperança é um caminho para a paz. Hoje, como há alguns anos, sua função é também "manter o diálogo sempre aberto e introduzir uma intenção fraterna nas discussões mais severas".[25]

No limiar do Ano Santo, não podemos negar a relação intrínseca entre a paz e a esperança, como recordei durante o Jubileu extraordinário da misericórdia: "Onde nasce Deus, nasce a esperança: Ele traz a esperança. Onde nasce Deus, nasce a paz. E, onde nasce a paz, já não há lugar para o ódio e a guerra".[26]

---

24. Cf. FRANCISCO, *Audiência geral*, 3 de abril de 2019.
25. PAUL RICOEUR, *Storia e verità*, Marco, Lungro 1994, p. 52.
26. FRANCISCO, *Mensagem Urbi et Orbi*, 25 de dezembro de 2015.

No mundo em que vivemos, porém, a paixão pela política comunitária e o multilateralismo aparentam pertencer ao passado: parece que estamos testemunhando o triste declínio do sonho coral de paz, enquanto ganham espaço os solistas da guerra.[27]

A paz integral a que aspiramos é construída em conjunto. E, ao mesmo tempo, também é oferecida a paz que merecemos: "Paz para quem foi ferido ou perdeu uma pessoa querida por causa de brutais atos de terrorismo, que semearam pavor e morte no coração de muitos países e cidades. Paz – não em palavras, mas real e concreta – aos nossos irmãos e irmãs abandonados e excluídos, àqueles que padecem a fome e a quantos são vítimas de violência. Paz aos deslocados, aos migrantes e aos refugiados, a todos aqueles que hoje são objeto do tráfico de pessoas. Paz aos povos que sofrem por causa das ambições econômicas de poucos e da avidez insaciável do deus-dinheiro que leva à escravidão. Paz a quem suporta dificuldades sociais e econômicas e a quem padece as consequências dos terremotos ou doutras catástrofes naturais".[28]

Trinta anos atrás, a coragem de um grupo de pessoas tornou possível a concessão conjunta do Prêmio Nobel por seus esforços para trazer a tão necessária paz no

---

27. Cf. FRANCISCO, *Coletiva de imprensa durante o voo de retorno da Hungria*, 30 de abril de 2023.
28. FRANCISCO, *Mensagem Urbi et Orbi*, 25 de dezembro de 2016.

Oriente Médio. Eu gostaria de relembrar algumas palavras ditas por aqueles que o receberam, que podem servir de guia para essa construção que, como humanidade, temos diante de nós.

Em Oslo, Shimon Peres lembrou o mundo que "demonstramos que os agressores não se tornam necessariamente vencedores, mas também aprendemos que os vencedores não necessariamente alcançam a paz". Yitzhak Rabin, israelense, ao receber o prêmio, declarou que "para santificar a vida humana […] há apenas um instrumento decisivo. Nem tanques, nem aviões, nem fortificações de concreto. A única solução radical é a paz". Yasser Arafat, palestino, por sua vez, sustentou que "o processo de paz não é um processo apenas político, é uma operação integrada na qual a consciência nacional e o desenvolvimento econômico, científico e tecnológico desempenham um papel importante, assim como a fusão cultural, social e criativa tem um papel essencial que constitui a própria essência do processo de paz e o fortalece".[29]

Um homem visionário certa vez disse que a melhor maneira de prever o futuro é criá-lo. É em nossas mentes que nascem as macabras ideias de guerra e se dá espaço ao desespero. Que nossos corações possam então criar os caminhos definitivos rumo à paz e dar espaço à esperança.

---

29. Cf. *Discursos de aceitação do prêmio Nobel*, 10 de dezembro de 1994.

5

O ROSTO ESPERANÇOSO DE UM AVÔ COM SEU NETO

As palavras dos avós têm algo de especial para os jovens. Eles sabem disso. Nós, os mais velhos, também sabemos disso. Penso todos os dias no que minha avó Rosa me deixou escrito no dia da minha ordenação sacerdotal. Me acompanha sempre, no meu breviário, e me faz bem: "Que esses meus netos, a quem dei o melhor do meu coração, tenham uma vida longa e feliz, mas se em algum dia de dor, de doença ou de perda de uma pessoa amada ficarem cheios de desânimo, lembrem que um suspiro diante do Sacrário, onde está o maior e mais augusto mártir, e um olhar para Maria aos pés da Cruz, podem derramar uma gota de bálsamo sobre as feridas mais profundas e dolorosas".

Foi ela quem me ensinou a rezar. Eu a amava muito, passava dias inteiros na casa dela. Naqueles diálogos entre um jovem e sua avó, a esperança se incorporava. Naquele vínculo vemos outra face da virtude.

Qualquer um de nós – jovem, adulto ou idoso – se deparou em algum momento da vida com uma velha "avó" que nos deu conselhos. Lembremos: quantas vezes ouvimos palavras sábias e corajosas de pessoas que não esperávamos que penetrassem tão profundamente em nós! Mas ali está a sabedoria de Deus, "camuflada" na ternura de uma avó. Elas sabem dizer a palavra certa, de esperança, porque têm experiência de vida. Sofreram muito, caíram e se levantaram mil vezes ao longo do caminho.

É uma combinação de amor e ternura. Os jovens, profetas do futuro, não devem esquecer suas raízes. A história da qual eles vêm está viva nos idosos, aqueles sonhadores incansáveis que lhes transmitem suas experiências, mas os deixam seguir o próprio caminho, sem colocar empecilhos.

O mundo precisa, mais do que nunca, desse vínculo, dessa aliança, como gosto de chamá-la. O tempo que dedicamos a ouvir, acariciar, falar, é de enriquecimento recíproco. Nenhum minuto desse encontro entre jovens e velhos será desperdiçado.

"Depois disto, derramarei o meu Espírito sobre toda carne. Vossos filhos e vossas filhas profetizarão, vossos anciãos terão sonhos, vossos jovens terão visões" (Joel 3,1). O profeta nos lembra nessa passagem que os sonhos e as visões do futuro de ambos andam de mãos dadas. O encontro deles, quando fundado na escuta amorosa e na ternura, gera sempre uma troca mútua. Se olharmos ao nosso redor, eu acrescentaria que essa realidade vai na contramão da civilização contemporânea, na qual predomina uma cultura do descartável, que propõe cada vez mais o isolamento dos jovens no mundo virtual e dos idosos nas casas de repouso.

Mas o mundo precisa dessa aliança. O futuro do planeta e da civilização depende em grande parte da possibilidade de esses livres encontros de amor continuarem ocorrendo. Se não forem os jovens, quem assumirá os sonhos dos idosos e os levará adiante? Por isso é necessário que os idosos continuem a sonhar, porque "nos nossos sonhos de justiça, de paz, de solidariedade reside a possibilidade de os nossos jovens terem novas visões e, juntos, construirmos o futuro".[1]

Os avós sonham quando seus netos seguem em frente, e os netos têm coragem quando tiram suas raízes dos mais velhos.

---

1. FRANCISCO, *Mensagem para o I Dia mundial dos avós e dos idosos*, 25 de julho de 2021.

Quando um jovem ouve um adulto mais velho, transmite-se muito mais do que uma anedota ou uma história. O bastão da esperança por um mundo melhor foi passado. São Paulo VI destacava a importância de "que, em cada momento da sua história, a geração que surge satisfaça, de algum modo, a esperança das gerações precedentes, a própria esperança da Igreja, que é a de transmitir sem cessar o dom de Deus, a Verdade e a Vida".[2]

Aqueles que vieram antes de nós viveram momentos bons e outros mais difíceis. Em todas essas experiências foi forjada uma memória individual que nos ajuda no nosso dia a dia a enfrentar esta ou aquela situação, mas também se formou uma memória coletiva que continua viva e pode ajudar toda a família humana. Essa memória é um pilar sobre o qual construir um mundo mais fraterno e acolhedor. É claro que podemos procurar muitos eventos do passado recente nos livros. Mas não esqueçamos que sempre temos uma pessoa ao nosso lado que viveu, que chorou, amou, foi feliz e sonhou enquanto acontecia o que hoje consideramos História. E para acolher o que tem a nos dizer, não precisamos de nada mais do que um ouvido atento e um coração aberto para recebê-lo.

O mundo em que vivemos foi construído com base nos sonhos que os nossos avós puderam realizar, bem

---

2. PAULO VI, exortação apostólica *Gaudete in Domino*, 9 de maio de 1975, VI.

como naqueles que foram interrompidos ou nunca sonhados. Com os sonhos deles, os idosos nos levam a horizontes que não podemos imaginar. Neles reside uma riqueza de vivência que nos oferecem como experiência de vida.

Se a esses sonhos-experiências somamos as visões-profecias dos jovens, o mundo segue em frente, avança. Não se trata de começar tudo de novo do zero, como se cada geração fosse a primeira a habitar o planeta. Tampouco os jovens de hoje são os primeiros a tentar um caminho e a falhar, para depois escolher outro e falhar mais uma vez. Por isso é importante que se unam: o idoso que doa seus sonhos e o jovem que os recebe e pode transmiti-los, olhando para o futuro, enquanto faz a própria jornada.

Em um país, em uma família, em uma sociedade, se estamos aqui é porque alguns antes de nós sonharam. E outros antes deles. Os idosos devem acreditar cada vez mais nos seus sonhos mais belos, e os jovens devem tirar daí o impulso para se comprometerem corajosamente com a História. Não se pode evitar, a audácia da esperança nasce aqui, de uma visão compartilhada que podemos cultivar promovendo espaços de diálogo e de encontro.

Esse diálogo entre gerações é uma âncora no presente que permite olhar para o passado e aprender com a história; e, ao mesmo tempo, vislumbrar um futuro no qual podem florescer sonhos, profecias e esperanças.

Avós sonhadores em aliança com jovens profetas. Esse é o rosto da esperança no amanhã.

Muitos jovens hoje em dia parecem perdidos nos labirintos que o mundo atual cria para eles e estão cheios de ansiedades, inseguranças, desconfianças e medos. Mas podem ter certeza de que do encontro com os idosos obterão a paz necessária para levantar o olhar e sair deles com mais facilidade. Muitas vezes são os avós que, com sua experiência, como Ariadne no mito do Minotauro, têm em mãos um fio condutor com o qual encontraremos uma saída para nossos problemas.

Se os idosos continuarem sonhando, os jovens poderão continuar inventando. Por isso que é importante que mantenham um olho no futuro, mas também no passado. Se olharem apenas ao que está por vir, perdem o apoio; devem entrar em diálogo com suas raízes, como a árvore que delas tira a força para dar frutos. E isso só o encontro com os idosos dá.

Na exortação apostólica *Christus vivit*, publicada após o sínodo que reuniu bispos e jovens do mundo todo, recordei que "os idosos têm sonhos permeados de recordações, de imagens de tantas coisas vividas, com a marca da experiência e dos anos. Se os jovens se enraizarem nos sonhos dos idosos, conseguem ver o futuro, podem ter visões que lhes abrem o horizonte e mostram novos caminhos. Mas, se os idosos deixarem de sonhar, os jovens já não podem ver claramente o horizonte" (CV 193).

Em certo momento da juventude, nossos avós sonharam com um futuro que pousou em nossos pais. E eles, por sua vez, sonharam conosco e com um futuro cheio de amor e esperança. Todos nós somos o sonho realizado de alguém que nos precedeu. Continuemos, velhos e jovens, a sonhar juntos para preservar um patrimônio de humanidade que poderemos depois transmitir. Quem veio antes de nós nos dá esperança, quem nos segue nos agradecerá.

Não nos chateemos quando o avô começa a contar um episódio que já ouvimos antes. O encontro entre jovens e idosos extrai parte de sua beleza do processo com que se desenvolve a aliança deles justamente nos momentos em que os mais velhos contam longas histórias, cujos detalhes às vezes nos parecem pouco confiáveis, mas que têm sempre uma joia escondida, alguma chave para sua experiência, uma lembrança inestimável, um detalhe com o qual nos identificamos.

Sim, eu sei, são histórias mais longas do que os poucos caracteres a que as redes sociais nos acostumaram, e duram quase sempre mais do que um *reel* divertido. Mas quando oferecemos aos idosos nossa paciência e nosso ouvido atento, eles nos dão a sabedoria e a experiência deles. Não podemos esperar que os formatos cada vez mais comprimidos do mundo da comunicação limitem a memória viva de quem nos precedeu. E o mais importante para os jovens: esse encontro é sempre uma boa oportunidade para se desconectar, pelo menos por um tempo, do celular. Um avô nunca lhe dirá isto, mas não é legal ficar assistindo às últimas atualizações enquanto o ouve.

Quanto ao diálogo intergeracional, penso sobretudo em dois temas sobre os quais somos chamados a construir essa nova aliança.

Um é o cuidado com a nossa casa comum. O planeta que habitamos é por si só "um empréstimo que cada geração recebe e deve transmitir à geração seguinte" (FT 178). Aqueles que nos precederam confiaram-no a nós para que pudéssemos guardá-lo e depois passá-lo para as gerações que nos sucederão.

Os jovens que hoje agem no mundo todo, mostrando-nos o caminho, amanhã se sentarão para transmitir esse amor pela Terra para a próxima geração. Nós, que hoje já temos mais do que alguns cabelos brancos, falhamos na gestão da criação e por isso apreciamos o espírito de iniciativa das novas gerações, que não querem repetir os nossos erros e se esforçam para deixar a casa comum melhor do que a receberam.

Acompanhei de perto as massivas mobilizações dos estudantes em diversas cidades e conheço algumas ações com as quais eles lutam por um mundo mais justo e atento à proteção ambiental. Agem com preocupação, entusiasmo e, sobretudo, com senso de responsabilidade diante da urgente mudança de rota que nos é imposta pelos problemas decorrentes da atual crise ética e socioambiental. O tempo está se esgotando, não nos resta muito tempo para salvar o planeta, e eles vão, saem e se impõem. E não fazem isso apenas por si mesmos, fazem isso por nós e por quem virá depois.

Há vários exemplos de como esse diálogo intergeracional pode resultar em uma aliança aplicada ao cuidado da casa comum. Penso em alguns projetos que se preocupam em transmitir o patrimônio de conhecimento e os valores da produção alimentar local que nossos avós possuíam, com o objetivo de aplicá-los com a ajuda dos meios de que hoje dispomos para progredir na defesa e promoção da biodiversidade alimentar. São movidos pelo desejo de retornar à terra e cultivá-la, sem explorá-la, com técnicas e métodos ecológicos.

Em um mundo cada vez mais frenético e "descartável", essas iniciativas ajudam as pessoas a não perder a ligação com a comida e com as tradições locais a ela associadas. São contratendências, mas não necessariamente regressivas; pelo contrário, pretendem recuperar a relação entre nutrição e vínculos sociais. Na Itália, Carlo Petrini e seu movimento que convida a um *slow food* fizeram grandes avanços nessa direção.

Além dos benefícios que o mundo pode obter com essa nova aliança em termos de cuidado com o planeta, sem dúvida um encontro mais assíduo entre jovens e idosos reduzirá a possibilidade de repetição das tragédias bélicas e humanitárias que marcaram o século passado.

Quem não conhece a própria história está condenado a repeti-la. Ninguém melhor do que nossos idosos para nos dar o testemunho vivo de alguns eventos que não queremos que aconteçam nunca mais em nosso planeta. Aquela Europa que há quase três anos é o epicentro dessa Terceira Guerra Mundial fragmentada que estamos vivendo é o continente que no século passado passou trinta anos imerso em guerras fratricidas e depois conheceu dolorosas separações de povos irmãos mesmo após a queda do Muro de Berlim. Não pode ser coincidência que esses novos ventos de guerra soprem no Velho Mundo logo quando se reduzem cada vez mais as fileiras de testemunhas diretas da barbárie do totalitarismo ou, pior ainda, quando elas são postas de lado, como peças de museu impossibilitadas de invocar seus preciosos testemunhos – que muitos trazem até na própria pele – em alguns dos debates que hoje marcam a agenda política exatamente como há pouco mais de cem anos.

Lembro mais uma vez que "precisamos manter viva a chama da consciência coletiva, testemunhando às sucessivas gerações o horror daquilo que aconteceu, que assim aviva e preserva a memória das vítimas, para que a consciência humana se torne cada vez mais forte contra toda a vontade de domínio e de destruição" (FT 249).

Muitos de nós atravessaram os anos que sucederam as grandes guerras e têm no coração o caminho certo a seguir para transmitir aos jovens de hoje quanto foram necessárias a fraternidade e a amizade social para reconstruir os laços que naquela época estavam rompidos em nossas sociedades. A lembrança de um conflito bélico é muito dolorosa, muitas vezes vitimiza novamente aqueles que o vivenciaram, mas se encontra alívio em transmiti-la às novas gerações para que possam aprender com ela o valor da paz. Aos jovens do mundo dizemos: o nosso dever é lembrar o que aconteceu, o nosso compromisso é transmiti-lo, o nosso sonho é o bem-estar de vocês.

No meu caso, aprendi o que eram as guerras com meu avô, que tinha lutado na Primeira Guerra Mundial, no Piave, e sua história foi uma grande lição para mim. Foi assim que aprendi quais danos provocam na vida das pessoas, assim como algumas músicas e a criatividade que é necessária para preparar receitas em tempos de racionamento como aqueles. Essa experiência que meu avô me transmitiu mais tarde me ajudou a ter empatia pelos imigrantes que chegaram a Buenos Aires durante a Segunda Guerra Mundial, no êxodo de milhares de pessoas que buscavam escapar do conflito e começar uma nova vida em uma região que quase não estava envolvida.[3]

Acho importante que os jovens conheçam os efeitos das guerras do século passado para não cometerem os mesmos erros; eles devem saber quais foram as premissas que levaram a humanidade àqueles conflitos chocantes e que hoje corremos o risco de reviver.

---

3. Cf. FRANCISCO, *Vida: A minha história através da História*, HarperCollins, Rio de Janeiro 2024.

Também tenho em mente a experiência do Japão, o país atingido por duas bombas atômicas. Estive lá em 2019, visitei o Memorial da Paz de Hiroshima e pensava que não podemos permitir que as novas gerações se esqueçam de tudo o que aconteceu. É preciso que seja passada de geração em geração essa memória viva para que seja possível construirmos todos juntos um "nunca mais" definitivo. Penso também no meu país, onde as avós e mães da Praça de Maio continuam, apesar da idade e de tudo o que tiveram de enfrentar e atravessar na vida, a trabalhar arduamente e a reunir-se com os jovens para garantir que não se repitam os horrores e erros do passado.

Nós, mais velhos, também podemos transmitir muitos gestos e momentos positivos com base nas experiências que guardamos na memória. Podemos abrir a mente e o coração para a memória não apenas dos horrores, mas também do bem. É muito saudável (cf. FT 249). Em nossos idosos há muitas histórias de dignidade esperando para serem contadas. Histórias de pequenos ou grandes gestos feitos por quem escolheu a solidariedade, o perdão, a fraternidade. E essa memória também é uma âncora na qual os jovens podem basear a esperança deles.

"Lembrai-vos dos vossos dirigentes, que vos anunciaram a palavra de Deus. Considerai como terminou a vida deles, e imitai-lhes a fé" (Hebreus 13,7). A sabedoria dos nossos avós é a herança que devemos receber.

Um povo que não os protege e não os respeita não tem futuro porque perdeu a memória, o cuidado com as nossas raízes que nos mantêm vivos. Toda esperança, além disso, deve estar enraizada em uma memória.

    Nós, idosos, mesmo que às vezes caminhemos mais devagar devido às enfermidades da idade, estamos sempre de algum modo um passo à frente: aquilo que os jovens passam nós já vivemos. E, sem subir na cadeira do palestrante, podemos oferecer a nossa experiência com relação ao que eles estão vivenciando pela primeira vez. Se unirmos o enfeite dos nossos cabelos grisalhos com o vigor que a juventude traz (cf. Provérbios 20,29), nascerá o impulso para enfrentarmos juntos o futuro da melhor forma possível.

    No livro do *Êxodo*, Deus convida Moisés a fazer sinais e maravilhas diante do Faraó: "para que narres ao teu filho" (Êxodo 10,2). O diálogo entre idosos e jovens enriquece sempre a memória de um povo. Através dos mais velhos nos reconectamos com as nossas raízes. E ter raízes significa estar conectado a uma história, a uma família, a uma cultura. Elas nos fazem saber que somos parte de algo que é maior do que nós, que nos precede e nos dará continuidade.

    Os jovens e os idosos trazem benefício desse encontro sob mais aspectos. Por exemplo, "a amizade de uma pessoa idosa ajuda o jovem a não cingir a vida ao presente e a lembrar-se de que nem tudo depende das suas capacidades. Por sua vez, aos mais velhos, a presença de um jovem abre à esperança de que não se perderá tudo aquilo que viveram e se vão realizar os seus sonhos".[4]

O fato de passarmos longos momentos compartilhando histórias não significa que os jovens tenham de seguir à risca tudo o que nós, mais velhos, dizemos. Quando tínhamos a idade de quem nos ouve agora, éramos contestadores, tínhamos espírito crítico. A tendência de perguntar, de discutir, gera uma troca vibrante, que não se reduz a uma *lectio magistralis*. Trata-se, em síntese, "de se manter aberto para recolher uma sabedoria que se comunica de geração em geração, pode coexistir com algumas misérias humanas e não precisa desaparecer perante as novidades do consumo e do mercado" (CV 190).

Quando penso na transmissão de raízes, me vêm à mente alguns povos indígenas que transmitiram de geração em geração diversas tradições e uma sabedoria ancestral. Isso lhes permitiu manter a comunidade unida, dar um significado a ela, dotá-la de uma alma e de um coração que foi posto a bater. Nada disso teria sido possível sem os idosos transmitindo essas raízes e sem os jovens interessados em protegê-las.

Pensemos em quão necessária é essa aliança hoje, quando uma visão de mundo incentivada pela economia de mercado desenfreada e pela substituição da comunidade pelo indivíduo tende a homogeneizar as culturas

---

4. FRANCISCO, *Mensagem para o III Dia mundial dos avós e dos idosos*, 31 de maio de 2023.

e a descolorir aquela imensa variedade que é um tesouro da humanidade. Se as culturas se reduzem, se tenta nos integrar como se estivéssemos em uma esfera onde nossas diferenças e tradições são apagadas, isso equivale a empobrecer o ser humano. É preciso, em vez disso, focar no modelo do poliedro, no qual cada rosto tem a própria história, a própria memória e as próprias raízes bem sólidas, que, portanto, podem contribuir para formar uma esperança coletiva.

A todos os meus coetâneos faço mais um pedido: "Que peço aos idosos, entre os quais incluo a mim próprio? Peço que sejamos guardiões da memória" (CV 196).

O atual modelo de sociedade privou os avós de sua voz. Tiramos deles o espaço e a oportunidade de contar suas experiências, suas histórias, suas vidas. Seus testemunhos vividos são uma bússola que não permitirá que nos percamos.

Nós, idosos, devemos encorajar os jovens a buscar as próprias raízes e, através delas, o sentido da vida. As raízes não são de forma alguma correntes que nos conectam a outros tempos e nos impedem de encarnar no mundo atual para dar à luz algo novo. Pelo contrário, elas dão um enraizamento sólido que nos permite desenvolver-nos e responder a novos desafios, construindo sobre os sucessos e aprendendo com os erros.

Corremos o risco de nos tornarmos uma sociedade desenraizada, cujas famílias vão perdendo seus laços.

O futuro de um povo pressupõe necessariamente o diálogo e o encontro entre idosos e jovens para a construção de uma sociedade mais justa, mais bela, mais solidária e, afinal, mais cristã.

Essa nova aliança pode se transformar em um antídoto para a atual sociedade do "salve-se quem puder". Isso mata. Logo na minha primeira viagem para fora da Itália como papa, eu havia anunciado "que estamos na presença de uma filosofia e uma prática de exclusão dos dois polos da vida que constituem as promessas dos povos. A exclusão dos idosos, obviamente: alguém poderia ser levado a pensar que nisso exista, oculta, uma espécie de eutanásia, isto é, não se cuida dos idosos; mas há também uma eutanásia cultural, porque não se lhes deixa falar, não se lhes deixa agir. E a exclusão dos jovens: a percentagem que temos de jovens sem trabalho, sem emprego, é muito alta e temos uma geração que não tem experiência da dignidade ganha com o trabalho. Assim, esta civilização nos levou a excluir os dois vértices que são o nosso futuro".[5]

Na amada terra do Brasil, lancei o primeiro esboço dessa aliança: "os jovens devem irromper, devem fazer-se valer; os jovens devem sair para lutar pelos valores, lutar por estes valores; e os idosos devem tomar a palavra, os

---

5. FRANCISCO, *Encontro com os jovens argentinos por ocasião da XXVIII Jornada Mundial da Juventude,* Rio de Janeiro, Brasil, 25 de julho de 2013.

idosos devem tomar a palavra e ensinar-nos! Que eles nos transmitam a sabedoria dos povos!".[6]

A aliança dos velhos com os jovens salvará a humanidade. Precisamos recompor esse vínculo. Gosto de imaginar a família humana morando em uma "casa" de quatro andares, onde as crianças, os jovens, os adultos e os idosos vivem todos juntos. Mas às vezes é como se dentro daquela casa não houvesse nem escadas nem elevadores, não há comunicação ou diálogo entre os moradores dos vários andares. Cabe a nós construí-los. Devemos recordar que "a visível aliança de gerações, que harmoniza os tempos e ritmos, restitui-nos a esperança de não vivermos a vida em vão".[7] Nesse sentido, somos chamados também a nos esquivarmos da lógica que quer colocar os moradores dessa grande casa uns contra os outros: "O contraste entre as gerações é um equívoco, um fruto envenenado da cultura do conflito".[8]

Quero ressaltar que "opor os jovens aos idosos é uma manipulação inaceitável: O que está em jogo é a unidade das idades da vida: ou seja, o verdadeiro ponto de referência para a compreensão e a apreciação da vida humana na sua totalidade".[9]

---

6. *Ibid.*
7. FRANCISCO, *Audiência geral*, 2 de março de 2002.
8. FRANCISCO, *Mensagem para o IV Dia mundial dos avós e dos idosos,* 28 de julho de 2024.
9. *Ibid.*

Caminhemos juntos. Incentivemos os jovens a ouvir os idosos e a usar as experiências deles para construir um futuro de esperança. Protejamos os idosos para que nada da vida deles e dos sonhos deles se perca. Cabe a nós, hoje, garantir que não nos encontremos arrependidos de não ter dado atenção suficiente a quem nos amou e nos deu a vida, percebendo amanhã que os nossos sonhos estão vazios da memória deles.

IDOSOS FORTALECIDOS

"Não te afastes do discurso dos anciãos, porque eles mesmos estiveram na escola de seus pais, e é deles que aprenderás o entendimento, para responderes no tempo oportuno" (Eclesiástico 8,9). Para que possa se realizar essa aliança que transforma os sonhos dos idosos na esperança dos jovens, é preciso continuar a crescer a consciência do grande bem que pode nos fazer a escuta atenta e afetuosa de todas as experiências que têm a nos oferecer.

No Evangelho, os idosos Simeão e Ana reconhecem a esperança de um povo inteiro no menino que Maria e José apresentam no Templo (Lucas 2,22-38). São capazes de ver e ouvir o que a grande maioria, apressada e focada nas próprias tarefas, não percebe. Eles o acolheram, o tomaram nos braços e entenderam – somente eles entenderam – o que estava acontecendo: isto é, que

Deus estava ali, presente, e que os olhava com os olhos de uma criança.

Recordo também as belas palavras do meu predecessor Bento XVI, quando afirmou que: "A qualidade de uma sociedade, gostaria de dizer de uma civilização, julga-se também pelo modo como tratam os idosos e pelo lugar que lhes reservam na vida comum".[10]

Na época em que estamos, quatro gerações convivem pela primeira vez, pois a vida foi prolongada graças ao progresso da medicina. Aproximadamente um bilhão de homens e mulheres têm mais de sessenta anos, e as previsões indicam que até 2030 aumentem em outros 400 milhões, superando o número de jovens e crianças menores de dez anos.

Apesar disso, é evidente que a sociedade ainda não se abriu para essa realidade e não pensou em como integrar nós que estamos atravessando a bela fase da velhice. O número de idosos se multiplicou, mas as nossas sociedades não se organizaram suficientemente para lhes dar espaço, com o devido respeito e a concreta consideração pela fragilidade e a dignidade deles.[11] Segundo muitos especialistas, o envelhecimento da população está destinado a revelar-se uma das transformações sociais mais significativas do século XXI.

---

10. BENTO XVI, *Visita à casa-família da Comunidade de Santo Egídio*, Roma, 12 de novembro de 2012.

11. Cf. FRANCISCO, *Audiência geral*, 4 de março de 2015.

Devemos estar à altura da situação e transformar o modo como nos relacionamos com eles, como os integramos, como os fazemos "sentir-se parte" de um futuro que não verão, mas para o qual ainda têm muito a contribuir.

Quando éramos jovens, é provável que tenha acontecido com todos nós, pelo menos uma vez, de considerar a velhice algo distante, com o que não valia a pena se preocupar. Então, quando chegamos a certa idade, vemos com nossos próprios olhos o que muitos outros já viram, e em geral são imagens de solidão, doença e incompreensão por parte da sociedade. Precisamos mudar essa situação. Os idosos são uma riqueza, não podem ser ignorados: a idade não é um obstáculo para ser uma pessoa influente e estimulante, e, pelo contrário, pode se tornar uma força motriz para alcançar a sociedade inteira.

Os idosos são homens e mulheres, pais e mães que estiveram antes de nós no mesmo caminho que o nosso, na mesma casa que a nossa, na mesma luta diária que a nossa por uma vida digna. A experiência e a sabedoria dos idosos podem ajudar os jovens a olhar para o futuro com esperança. Eles têm uma grande responsabilidade em relação às novas gerações. Devemos, portanto, trabalhar para oferecer-lhes verdadeiros projetos de vida, em vez de multiplicar os programas assistenciais que são propostos como única forma de integrá-los.

Nós, pessoas idosas, em geral somos dotadas de uma sensibilidade particular para o cuidado, a reflexão e o afeto. Podemos começar uma verdadeira revolução de ternura se estendermos a mão para contar nossas histórias e ajudar a transformar nossos sonhos nas esperanças dos jovens.

"Temos uma grande responsabilidade: ensinar às mulheres e aos homens do nosso tempo a contemplar os outros com o mesmo olhar compreensivo e terno que temos para com os nossos netos. Aprimoramos a nossa humanidade ao cuidar do próximo e, hoje, podemos ser mestres de um modo de viver pacífico e atento aos mais frágeis."[12]

Precisamos começar a trabalhar para dar vida a esses projetos existenciais. Pensemos em quantas realidades foram inventadas para o arco dos primeiros trinta anos de vida: creche, pré-escola, ensino fundamental, ensino médio, universidade etc. Em vez disso, o que a sociedade construiu para aqueles que estão vivendo os últimos trinta anos de vida? Os idosos não são marcianos que pousaram de um disco voador com rugas e cabelos grisalhos. Somos todos idosos. Os mais jovens, daqui a muito tempo; alguns adultos chegarão lá em breve e alguns já estão lá. Acontecerá inevitavelmente, apesar das mil propostas de fórmulas mágicas para a juventude eterna, os liftings e assim por diante.

A aliança entre os jovens e os idosos é um campo onde ainda há muito a ser criado. A velhice não é um momento em que uma pessoa necessariamente tem de

---

12. FRANCISCO, *Mensagem para o II Dia mundial dos avós e dos idosos*, 24 de julho de 2022.

se afastar. Ainda há muito a oferecer para o bem comum. Ainda temos vontade de jogar a partida do futuro. Cultivamos a esperança de que os jovens continuem os nossos sonhos.

JOVENS SEM MEDO DE HONRAR A MEMÓRIA

Para que essa aliança produza o melhor dos seus frutos, precisamos de jovens comprometidos em transformar os sonhos dos idosos em esperança. Jovens capazes de superar os medos e de correr riscos. Jovens que saiam, desçam a campo e evitem cair na tentação da dependência da poltrona oferecida pelo mundo moderno.

Escutem as experiências de quem já está aposentado, e não se aposentem aos vinte anos, como se vê fazendo alguns jovens que parecem petrificados, como se fossem atores coadjuvantes da própria vida. Não! Sejam protagonistas.

Não tenham medo de mudar o mundo. Vocês têm a força da idade ao seu lado e podem somar a ela as experiências de quem tentou isso antes de vocês. A juventude também é o momento em que a criatividade aflora: usem-na para perseguir um mundo mais fraterno.

Não tenham medo de errar. Lembrem-se de que, assim como agora vocês recebem os depoimentos daqueles que chegaram antes, amanhã será a vez de vocês transmitirem suas experiências. E será muito mais bonito se disserem: "Naquele dia eu tentei isso e errei, percebi, mudei e saí melhor". Não importa se tropeçarem: o importante é aprender a se levantar novamente.

Não tenham medo de sujar as mãos. Não tenham medo de ir contra a corrente para fazer algo bom. O lodo do trabalho pelo bem comum é um lodo que enobrece. Façam com paixão, não caiam na mediocridade ou na superficialidade, que levam as pessoas a pensar que sabem tudo desde o início e a não buscar soluções para os problemas, colocando-se em jogo.

Não tenham medo de vivenciar conflitos. Nós os encontramos no mundo, em uma família, nas universidades, no trabalho. Mas viver o conflito é uma forma de treinar a escuta, o reconhecimento do outro e o crescimento mútuo. Tensões e conflitos fazem parte da vida, mas sabemos que a resolução deles em um nível superior é um sinal de que alcançamos algo mais alto do que nossos interesses pessoais.

Não tenham medo de buscar a felicidade e, principalmente, não a confundam com o consumismo. Vejam bem, não quero dizer que seja proibido se entregar a um pequeno prazer de vez em quando. Todos nós o fazemos. Mas não confundam isso com o acúmulo de ilusões para se criar uma falsa segurança. Recordo a passagem do Evangelho do rico que teve uma colheita tão grande que não sabia onde colocar o grão. E disse: "Demolirei meus celeiros, construirei maiores, e lá recolherei todo o meu trigo e os meus bens". E Jesus lhe respondeu: "Insensato, nessa mesma noite ser-te-á reclamada a alma. E as coisas que acumulaste, de quem serão? Assim acontece àquele que ajunta tesouros para si mesmo" (cf. Lucas 12,16-21).

Não tenham medo de arriscar. Quem não arrisca não amadurece, não vive profeticamente. Vocês decidem seu futuro, não deixem que outros o façam. Deixem sua marca, façam um esforço. Invistam suas energias em transformar os sonhos que recebem dos mais velhos em visões de esperança para o futuro que virá. Vivam vidas reais, não como aquelas fictícias dos reality shows, que não têm plano algum para o amanhã, a não ser não serem eliminados.

Não tenham medo de entrar na Política, com P maiúsculo. É a mais alta forma de caridade. Ouvi alguém certa vez dizer que se vemos um grupo de pessoas famintas e lhes damos comida, isso é caridade. Se, por outro lado, nos organizamos e os ajudamos a procurar emprego e assistência social, isso é Política. Gostei da imagem. A organização vence o tempo e abre caminho para a esperança.

Não tenham medo de assumir responsabilidades. Dominem a história do seu povo. Todo jovem deveria querer ser incluído no processo de crescimento do próprio país e da própria pátria. Penso que a falta de participação dos jovens seja a morte de um país. Vocês devem decidir participar social, política, religiosa, cultural e intelectualmente, não podem esperar um amanhã.

Mas, acima de tudo, não tenham medo de ouvir os idosos e de colocar em prática os sonhos deles.

UM DESTINO DE ESPERANÇA

Um povo que não cuida dos seus idosos e dos seus jovens é um povo sem futuro, sem esperança. No mundo em que vivemos, os dois extremos da vida estão "condenados ao mesmo destino: a exclusão".[13]

Se o destino nos une, também estamos unidos pela tarefa que nos espera. Somos todos chamados a lutar contra a cultura do descarte. É por isso que precisamos dessa nova aliança de esperança.

Os nossos idosos têm muito a dar. Estou velho e acho que ainda tenho algo a dar. Podemos começar essa aliança banindo, com a ajuda dos jovens, os estereótipos que foram construídos sobre nós e que contribuem para promover essa cultura do descarte. Temos algumas enfermidades, sim, é lógico que sim, mas isso não nos define. O que nos define são a nossa dignidade e o desejo de contribuir com a nossa experiência para um futuro de esperança.

Os jovens, por sua vez, devem estar atentos porque eles também são vítimas da cultura do descarte: é uma

---

13. FRANCISCO, *Encontro com os jovens argentinos por ocasião da XXVIII Jornada Mundial da Juventude*, Rio de Janeiro, Brasil, 25 de julho de 2013.

sociedade da imagem, do efêmero, que expulsa quem não se adapta, quem é diferente. Fujam da cultura cosmética, para a qual a única coisa que importa são as aparências e o sucesso pessoal, mesmo que isso signifique pisar na cabeça dos outros.

Sejamos aliados na construção de uma sociedade diferente, mais acolhedora, mais humana, mais inclusiva, que não precise descartar quem está vulnerável no corpo e na mente, e que, em vez disso, tome como elemento central apenas a dignidade de cada um de seus membros, que é a mesma, pelo simples fato de sermos seres humanos. Como diz o provérbio: "Se o velho pudesse e o novo soubesse, não haveria nada que não se fizesse".

Minha avó Rosa, de quem falei no início deste capítulo, me contou uma história que nos ajuda a tomar consciência dessa aliança que vos proponho. É a história de uma família cujo pai decidiu mandar o avô comer sozinho na cozinha porque, com o avançar da idade, começou a babar e a se sujar. Mas um dia esse pai, ao voltar para casa, encontrou o filho construindo uma mesa de madeira destinada a, mais cedo ou mais tarde, reservar-lhe o mesmo tratamento.

Quando os idosos são negligenciados, perde-se a tradição, que não é um museu de coisas velhas, mas a garantia do futuro. É a seiva das raízes que faz a árvore crescer e dar flores e frutos.

Os jovens e os idosos são a esperança dos povos. Recordo aqui que "os idosos fornecem a memória e a sabedoria da experiência, que convida a não repetir tontamente os mesmos erros do passado. Os jovens chamam-nos a despertar e a aumentar a esperança, porque trazem consigo as novas tendências da humanidade e abrem-nos ao futuro, de modo que não fiquemos encalhados na nostalgia de estruturas e costumes que já não são fonte de vida no mundo atual" (EG 108).

Eu gostaria de repetir as palavras do saudoso arcebispo brasileiro Dom Hélder Câmara, um gigante no compromisso com a justiça e a proteção dos direitos dos mais vulneráveis, que nos ensinou: "Quando se sonha sozinho, é apenas sonho. Quando sonhamos juntos, é apenas o começo da realidade". Trabalhemos lado a lado. Sonhemos juntos. Existe uma alternativa à cultura do descarte: a da esperança, que é representada justamente pela aliança entre velhos e jovens.

É a memória que torna forte um povo, porque o faz se sentir enraizado em um caminho, em uma história, em uma raiz. E a esperança é a vela que nos guia e nos acompanha rumo ao futuro. Confirmemos então essa aliança entre jovens e idosos para caminhar lado a lado entre a memória e a esperança. Ali, onde está a terceira dimensão, a do caminho que devemos percorrer juntos.

6

A ESPERANÇA SEMPRE TEM UM ROSTO HUMANO

AINDA HÁ TEMPO

Voltemos à imagem do início do livro: o barco em meio a águas tempestuosas, em que a esperança funciona como âncora e vela para sair daquela situação.

Hoje vemos a tempestade pairar sobre nós, a cada dia mais forte e mais duradoura. O Ano Jubilar acontece em meio a guerras, pobreza, migrações em massa e muitos outros desafios que a família humana terá de enfrentar em um futuro próximo para termos condição de caminhar juntos com esperança.

A humanidade atravessa uma crise integral em que a interligação de fatores econômicos, sociais, políticos e migratórios torna impossível resolver cada um desses componentes separadamente, sem levar em conta os demais (cf. LS 138-139). Estamos, além disso, no auge de uma emergência climática mundial sem precedentes. Recordemos que "por muito que se tente negá-los, escondê-los, dissimulá-los ou relativizá-los, os sinais da mudança climática impõem-se-nos de forma cada vez mais evidente" (LD 5).

Em um sistema que reivindica a mão invisível do mercado, é na verdade a mão do homem que se torna cada vez mais visível nas profundas transformações evidentes no planeta, que não trazem notícias animadoras. Com base em inúmeras evidências científicas, "é possível verificar que certas mudanças climáticas, induzidas pelo homem, aumentam significativamente a probabilidade de fenômenos extremos mais frequentes e mais intensos" (*ibid.*).

Chegamos a essa situação porque um paradigma socioeconômico construído sob a ganância e a avareza não teve escrúpulos em depredar também a Terra para sustentar o ritmo de consumo e desperdício que o caracteriza. Anos e anos de intervenção humana ilimitada na natureza geraram algumas consequências agora irreversíveis no campo climático, e outros perigos à espreita não terão solução se não agirmos a tempo. Penso no derretimento das geleiras nos polos ou no aumento da temperatura média do planeta além dos limites já elevados que a humanidade havia identificado.

A nossa doutrina social já afirmava anos atrás que a maior responsabilidade por essa situação é da "pretensão de exercitar um domínio incondicional sobre as coisas por parte do homem, um homem desatento àquelas considerações de ordem moral que devem caracterizar cada atividade humana" (CDS 461).

Deixamo-nos guiar por um paradigma tecnocrático que muitas vezes levou a política e a economia a tentar impor a tese de que a realidade, o bem e a verdade florescem "espontaneamente do próprio poder da tecnologia e da economia" (LD 20). Assim foi endossada a ideia de um ser humano sem limites, motivado apenas por suas ambições, pelo desejo de lucros ilimitados e por uma total desconexão com os valores de fraternidade e solidariedade sobre os quais, na maior parte dos países, se havia chegado a certo consenso em meados do século XX.

Já no final do século passado, São João Paulo II advertia que "por causa dos poderosos meios de transformação, oferecidos pela civilização tecnológica, parece às vezes que o equilíbrio homem-ambiente tenha alcançado um ponto crítico".[1]

---

1. JOÃO PAULO II, *Discurso aos participantes do congresso sobre ambiente e saúde*, 24 de março de 1997.

Nós, inquilinos do planeta, alcançamos um domínio sem precedentes sobre a criação e sobre o nosso futuro. O fato de dependermos de nós mesmos deveria nos inspirar esperança, mas nada garante que a humanidade utilizará bem esse poder, sobretudo considerando a maneira como ele tem sido usado nas últimas décadas (cf. LD 23).

Estamos diante de desafios múltiplos e interconectados, e precisamos enfrentá-los se quisermos continuar a ter esperança na nossa permanência na Terra. Por um lado, devemos cuidar dessa casa comum, que deve ser habitável. Mas também devemos estar atentos à família humana que a habita: preocupamo-nos com a dignidade de cada um dos seus membros e com a forma como nos relacionamos uns com os outros. O mundo com que sonhamos, aquele no qual projetamos nossas visões, deve ser construído agora. Ainda temos tempo para isso, mas somente se reagirmos logo e com determinação.

Aos crescentes danos que causamos ao nosso planeta, acrescenta-se outro cenário: "A humanidade entrou numa nova era, em que o poder da tecnologia nos põe diante duma encruzilhada" (LS 102).

Esta foi definida como a era da quarta revolução industrial, caracterizada pela irrupção vertiginosa da tecnologia digital, da robótica e da inteligência artificial. O futuro exigirá peregrinos de esperança determinados a construir uma alternativa à mentalidade utilitária, imediatista e manipuladora que danificou o planeta e que se projeta ameaçadoramente quando olhamos para um futuro repleto de desafios. Não podemos permitir que aquele mesmo paradigma tecnocrático que regeu nossa relação com a casa comum agora também trace as diretrizes de nossa relação com as novas tecnologias.

Por outro lado, vale notar que "os recursos naturais necessários para a tecnologia, como o lítio, o silício e tantos outros não são ilimitados, mas o problema maior é a ideologia que está na base de uma obsessão: aumentar para além de toda a imaginação o poder do homem, para o qual a realidade não humana é um mero recurso ao seu serviço" (LD 22). Se o modo como tratamos o planeta e a velocidade dos novos progressos tecnológicos estão conectados, as respostas que nós, como humanidade, devemos oferecer a esses desafios também devem ser integradas.

Chegamos tarde à emergência climática, mas ainda temos tempo para organizar a esperança de forma a dar um significado humano aos novos avanços tecnológicos.

DIANTE DA INVASÃO DE NOVAS TECNOLOGIAS

Estamos diante de uma verdadeira mudança de era. Horizontes que eram impensáveis até poucos anos atrás estão eclodindo quase diariamente, e corremos o risco de que a situação saia do nosso controle.

Há uma aceleração geométrica nas mudanças que já estão ocorrendo em nosso modo de vida, tanto no meio ambiente quanto nas condições de vida, com efeitos e desenvolvimentos nem sempre claros e previsíveis.

A grande crise que a humanidade enfrenta nas suas diversas faces (da pandemia à migração, da pobreza ao clima) provoca consequências sobre cada um desses aspectos, que se retroalimentam. Diante desse panorama, a grande transformação tecnológica que implica o surgimento e a massificação da inteligência artificial não pode ignorar essas complexas relações.

Há certo consenso global sobre a presença cada vez mais acentuada da IA em todos os aspectos da vida cotidiana, pessoal e social.

É verdade que não estamos diante da primeira mudança de paradigma que a humanidade enfrentou. Penso, por exemplo, na introdução da máquina a vapor e da eletricidade, no advento da imprensa, que revolucionou o armazenamento e a transmissão das informações.

Todavia, a escala do impacto global das transformações que já estamos experimentando se projeta de proporções sem precedentes. Nos últimos anos, deixamos que algumas transformações tecnológicas "se acomodassem" em nossa vida conforme surgiam, sem nos preocupar muito com isso. Precisamos mudar essa abordagem.

As novas fronteiras da ciência têm um alcance que vai além do nosso planeta e já superam o imaginável: vemos desvanecerem-se os limites entre matéria inorgânica e orgânica, entre real e virtual, entre identidades estáveis e eventos em relação contínua entre si. Fala-se até de supostos "pensamentos híbridos", baseados na fusão entre as capacidades cognitivas do homem e as da máquina, que modificariam substancialmente a espécie.

Parece particularmente preocupante a tese segundo a qual "a inteligência artificial e os recentes progressos tecnológicos baseiam-se na ideia de um ser humano sem limites, cujas capacidades e possibilidades se poderiam alargar ao infinito graças à tecnologia. Assim, o paradigma tecnocrático alimenta-se monstruosamente de si próprio" (LD 21).

Devemos vencer a tentação de brincar de Criação.

Essa nova revolução deve ser guiada com humanidade. Ao contrário das transformações que enfrentamos antes, o destino do *Homo sapiens* como o conhecemos poderia estar em risco se deixássemos ao acaso (ou, pior, nas mãos dos fabricantes) a regulamentação das novas tecnologias.

O homem é o único que pode salvar a si mesmo. Ninguém mais pode fornecer a ética necessária para que o desenvolvimento dessas tecnologias não acabe ampliando as já enormes disparidades que constatamos hoje em termos de redistribuição de recursos, riqueza e no nível digital. Nossa sabedoria, que desenvolveu essas tecnologias, deve definir os limites da evolução delas. Não podemos deixar que as máquinas façam isso.

Já afirmei que "as máquinas têm uma capacidade imensamente maior que os seres humanos de memorizar os dados e relacioná-los entre si, mas compete ao homem, e só a ele, descodificar o seu sentido. Não se trata, pois, de exigir das máquinas que pareçam humanas; mas de despertar o homem da hipnose em que cai devido ao seu delírio de onipotência, crendo-se sujeito autônomo e autorreferencial, separado de toda a ligação social e esquecido da sua condição de criatura".[2]

A robótica, a simplificação das comunicações, a IA e outras ferramentas ofereceram oportunidades apaixonantes, entre as quais melhorias no trabalho, nas condições de vida das pessoas, nos instrumentos médicos e nas interações pessoais.

É igualmente claro, porém, que a velocidade das atualizações dos sistemas operacionais que comandam as máquinas supera em muito a nossa capacidade de decidir as regras para o funcionamento delas. Com urgência crescente, faz-se necessária uma forte determinação moral para humanizar a tecnologia em vez de tecnologizar o humano. Devemos orientar com responsabilidade a concepção e o uso da inteligência artificial,

---

2. FRANCISCO, *Mensagem para o 58º Dia mundial das comunicações sociais*, 24 de janeiro de 2024.

a fim de que esteja a serviço da humanidade e da proteção da nossa casa comum.

O futuro da humanidade poderia estar em perigo sem uma supervisão adequada dessas tecnologias e um novo compromisso para reparar os danos causados ao planeta. Além disso, a proteção da dignidade da pessoa e o cuidado de uma fraternidade verdadeiramente aberta a toda a família humana são condições essenciais para que o desenvolvimento tecnológico contribua para a promoção da justiça e da paz no mundo.

Recordo a visão profética do meu predecessor São Paulo VI, que afirmava que todo progresso não deve ter outra razão que não seja a de se colocar a serviço do ser humano, e que a sua existência deve mirar a "reduzir desigualdades, combater discriminações, libertar o homem da servidão, torná-lo capaz de, por si próprio, ser o agente responsável do seu bem-estar material, progresso moral e desenvolvimento espiritual" (PP 34).

As novas tecnologias emergentes demonstraram ser capazes de mudar radicalmente a humanidade. Cabe a nós tomar as decisões que definirão se essa mudança será positiva ou negativa. Elas têm potencial para um enorme desenvolvimento, mas também para uma tragédia de proporções semelhantes, pois correm o risco de suprimir a humanidade através de uma espécie de ditadura da tecnologia que sobrecarrega a própria humanidade. O progresso só pode tornar possível um mundo melhor se for unido ao bem comum.

Estamos em uma encruzilhada decisiva, que ainda nos deixa a possibilidade de agir para construir um mundo onde a tecnologia seja de fato utilizada para o desenvolvimento das pessoas. Sem desenvolvimento justo e distribuído não haverá justiça, nem paz, nem fraternidade universal. Se não controlarmos esse desenvolvimento, a nossa casa comum estará em perigo. E então a tempestade na qual estamos imersos se abaterá mais do que nunca sobre todos nós. Evitemos o naufrágio da humanidade.

ALGUNS POSSÍVEIS RISCOS DA FALTA DE REGULAMENTAÇÃO

Não se trata de causar alarmismos contra as novas tecnologias, como se fôssemos "ludistas" do século XXI, por oposição preconcebida. Os apelos por um controle real sobre o progresso e o desenvolvimento de novas tecnologias correspondem, por um lado, a uma genuína questão filosófica: não estamos indo longe demais em nossa tentativa de dominar as ferramentas da criação? Mas, por outro lado, também somos movidos por alguns sinais de alerta que surgiram nos últimos anos sobre os potenciais resultados nocivos, para grande parte da humanidade, que podem derivar do uso totalmente desregulado e descontrolado das novas tecnologias.

Entre os sinais preocupantes destacam-se algumas propostas recentes para confiar a programas gerenciados por inteligência artificial a responsabilidade dos pedidos de imigração, bem como outras escolhas relativas à seleção de pessoal nos níveis público e privado. Não podemos aceitar que a decisão sobre a vida e o destino de um ser humano seja confiada a um algoritmo. Lembremo-nos sempre de que a maneira como tratamos os últimos e os menores dos nossos irmãos e irmãs nos indica o valor que reconhecemos nos seres humanos. Essas propostas erradicam qualquer possibilidade de encontro com o outro, de gerar espaços de diálogo.

Além disso, é preciso levar em conta que nenhum algoritmo é autônomo, mas sim resultado de um critério regido pelo homem. Portanto, a dimensão ética da sua concepção deve ser uma prioridade. Seria um erro adentrar esse caminho no qual depois, em um futuro cada vez mais próximo, "a fiabilidade de quem solicita um mútuo, a idoneidade de um indivíduo para determinado emprego, a possibilidade de reincidência de um condenado ou o direito a receber asilo político ou assistência social poderão ser determinados por sistemas de inteligência artificial".[3]

O ser humano, com a sua dignidade, é muito mais do que um conjunto de dados analisados por um algoritmo. Esse deveria ser o ponto de partida para qualquer discussão sobre a adoção desses sistemas. Eu

---

3. FRANCISCO, *Mensagem para a celebração do LVII Dia mundial da paz 2024*, 8 de dezembro de 2023.

já destaquei como "a falta de níveis diversificados de mediação que tais sistemas introduzem está particularmente exposta a formas de preconceito e discriminação: os erros do sistema podem multiplicar-se com facilidade, gerando não só injustiças em casos individuais, mas também, por efeito dominó, verdadeiras formas de desigualdade social".[4]

Também assistimos ao avanço das ferramentas de reconhecimento facial desenvolvidas por algoritmos que buscam controlar as populações. Poderiam dar origem a procedimentos artificiais de classificação que violariam os direitos fundamentais de milhões de irmãos e irmãs de carne e osso. Nesse contexto, o estudo da privacidade, do processamento de dados e da propriedade intelectual decorrentes das novas tecnologias requer atenção, pois seu uso indevido pode trazer graves consequências. Além do rastreamento das características faciais proposto por esses novos sistemas, também estão se desenvolvendo ferramentas cada vez mais sofisticadas para o rastreamento digital, que buscam coletar dados das pessoas para monitorar seus hábitos e tentar influenciá-los. É preciso mais transparência por parte dos fabricantes para que saibamos o que eles sabem sobre nós, quais informações armazenam e, sobretudo, como e por que as utilizam.

Alguns dos riscos cada vez mais concretos decorrentes do uso generalizado de ferramentas de IA vêm

---

4. *Ibid.*

do campo das comunicações, no qual o impacto de *fake news* e *deep fakes* é notável. Muitas pessoas, públicas e não, frequentemente são assediadas por mecanismos virtuais coordenados de publicação nas redes sociais, sem a mínima verificação preventiva da informação e com uma velocidade de propagação tal que dificulta uma comparação séria com a realidade. Também vimos vídeos e áudios de pessoas alterados para dar a impressão de que estavam fazendo e dizendo isso ou aquilo, e essa é uma ferramenta extremamente perigosa se usada para fins eleitorais, pois pode prejudicar os próprios fundamentos de uma democracia. Ou, pior ainda, a fabricação de imagens falsas aplicadas à pornografia infantil pode levar a uma epidemia contra os mais vulneráveis, as nossas crianças.

Eu mesmo fui vítima da manipulação de imagens que parecem cada vez mais reais.

Formas de IA muitas vezes parecem capazes de influenciar as decisões de indivíduos por meio de opções predeterminadas associadas a estímulos e incentivos à persuasão ou através de sistemas de regulação das escolhas pessoais baseadas na organização de informações. Não é mais só o algoritmo: a sofisticação dessas formas de controle social é impressa pela mão ativa dos produtores e fabricantes dessas ferramentas, que têm a correspondente responsabilidade legal, e isso requer obrigatoriamente o compromisso das autoridades governamentais de monitorá-las.

Mesmo no âmbito da guerra, a proliferação das chamadas armas automatizadas está provocando uma profunda transformação na ordem internacional. Assistimos com preocupação ao surgimento de armas descontroladas em cada vez mais cenários de guerra e como importantes poderes de decisão sobre o uso da força são delegados a elas, embora tenham um comportamento imprevisível ou a finalidade e o escopo operacional delas sejam inadequados, indefinidos ou desconhecidos. Não esqueçamos que a guerra é sempre uma derrota, que todo ataque armado deve ser cuidadosamente ponderado e sua legitimidade deve ser demonstrada.

Em muitos dos conflitos em curso, vimos como a possibilidade de conduzir operações militares por meio de sistemas de controle remoto provoca certa percepção diminuída da devastação que causaram e da responsabilidade no uso delas, contribuindo para uma abordagem ainda mais fria e distante da já imensa tragédia da guerra. As máquinas não são sujeitos, então não podem pensar, sentir, decidir ou ser responsabilizadas pelas próprias ações. Mesmo as armas automáticas mais sofisticadas só são capazes de seguir instruções e simular o comportamento humano. Por mais complexas que sejam, não podemos dar a elas a palavra final sobre a vida de seres humanos. Os sistemas de armas autônomos não podem ser considerados sujeitos moralmente responsáveis, nem podemos permitir que substituam a capacidade de julgamento moral e de tomada de decisões éticas que apenas nós, humanos, possuímos. Uma máquina, não importa quão "inteligente" possa ser, é sempre uma máquina.

É muito importante considerarmos também a quantidade de recursos naturais envolvidos no desenvolvimento dessas tecnologias. Existe o risco de que o apetite das empresas produtoras pelas chamadas terras-raras, das quais necessitam para seu desenvolvimento, provoque um colonialismo 2.0 em relação aos países que possuem essas riquezas em seu subsolo. Apelemos aos governos a fim de que não se repitam os ciclos de pilhagem e dominação que o mundo já experimentou – e tolerou – em nações ricas em combustíveis fósseis, diamantes e outros tesouros naturais.

Por outro lado, a extração dessas terras-raras às vezes tem um custo ambiental muito alto, devido, por exemplo, à grande quantidade de água utilizada no processo ou ao elevado consumo de energia. Devemos nos esforçar para garantir que não sejam as nações mais pobres que paguem os custos ambientais ou econômicos da festa tecnológica de alguns CEOs bilionários.

Outro alerta para o futuro imediato vem da manipulação de dados para criar um sistema de publicidade segmentada que ameaça invadir todos os cantos da vida digital dos usuários. Preocupa-me, em particular, a proliferação de sistemas que visam atrair os jovens para o chamado jogo de apostas on-line, que surgem como uma falsa ilusão de salvação individual em contextos de crise cada vez mais disseminados. A massificação dos smartphones transformou o celular de cada um dos nossos jovens em um cassino móvel, abrindo as portas para uma infinidade de opções de apostas cada vez mais amplas e imediatamente disponíveis, que anestesiam o senso de responsabilidade. Nossos governos não podem ser cúmplices da incitação ao vício do jogo, que provoca sérios danos à saúde emocional e financeira dos nossos jovens. A essas ferramentas de jogo foi dada a permissão até mesmo para patrocinar equipes de diversos esportes, gerando uma dependência de apostas incompatível com os valores do bem comum, do esporte e de uma sociedade saudável e fraterna.

De qualquer forma, além dos riscos ligados ao uso descontrolado das novas tecnologias, são muitas as aplicações positivas por meio das quais essas ferramentas poderiam contribuir de modo decisivo para o bem comum. Por exemplo, "a inteligência artificial poderia permitir uma democratização do acesso ao conhecimento, o progresso exponencial da investigação científica, a possibilidade de delegar às máquinas os trabalhos exaustivos".[5]

Particularmente, segundo diversas estimativas, o mundo deverá alimentar aproximadamente 10 bilhões de pessoas até 2050. Isso exigirá, portanto, uma expansão

---

5. FRANCISCO, *Discurso no G7*, Borgo Egnazia (Itália), 14 de junho de 2024.

da fronteira da produção de alimentos em nível global, o que só será possível com sistemas agroalimentares que contem com a ajuda da inteligência artificial e de outras ferramentas concebidas para torná-los mais inclusivos, resistentes e sustentáveis.

Outro caso de possível aplicação concreta que conheci é o monitoramento do uso dos recursos hídricos, porque a água também é uma questão muito delicada. Percebamos que é um recurso central que, de acordo com muitos estudiosos, no futuro poderá ser motivo de guerra.

Com esses riscos e potenciais usos positivos em jogo, gosto da figura da "algorética" para pensar no futuro. Um desenvolvimento ético de algoritmos nas etapas de estudo, planejamento, produção, distribuição e marketing que tenda ao verdadeiro bem comum, com o objetivo de assegurar uma verificação competente e compartilhada dos processos pelos quais são integradas as relações entre homem e máquina em nossa era. Nesse contexto, contribuem decisivamente os princípios da doutrina social da Igreja: dignidade da pessoa, justiça, subsidiariedade e solidariedade, que exprimem o compromisso de servir cada pessoa na sua integridade, sem discriminação nem exclusão.

Por outro lado, o debate sobre o modo de gerir essas novas ferramentas como humanidade não pode basear-se apenas no nível político, industrial ou meramente aplicativo.

O cuidado da casa comum e a fraternidade poderiam ser duas das grandes perspectivas em que a Igreja oferece sua contribuição única, original e positiva a esse debate. Não se deve esquecer o eixo humano, pois estamos falando de ferramentas que impactam a humanidade que se encontra vivendo em um ambiente, em uma casa: o nosso planeta. E como irmãos, com um sentimento de fraternidade que não pode ser deixado de lado quando se pensa no futuro dos desenvolvimentos tecnológicos.

Algumas propostas que vi com interesse propõem a criação de uma agência internacional para a IA que promova suas aplicações pacíficas em diversos contextos civis para reduzir as desigualdades e prevenir seus usos nocivos, impedindo suas consequências indesejáveis. Assim como em 2015, na cúpula da COP 21 em Paris, a humanidade avançou nas respostas às mudanças climáticas, devemos pensar em uma "Paris" das tecnologias modernas para enfrentar esses novos desafios.

Eu gostaria de recordar alguns alertas que no final do século passado foram recebidos pela doutrina social da Igreja a respeito do então incipiente "uso das biotecnologias", e sobre eles me basearei para propor algumas linhas de ação que hoje parecem aplicáveis às novas ferramentas como a robótica e a inteligência artificial (CDS 472-480).

Antes de tudo, "é necessário ter na devida conta sobretudo os critérios de justiça e solidariedade, aos quais se devem ater antes de tudo os indivíduos e os grupos que atuam na pesquisa e comercialização" dessas novas tecnologias, uma vez que não se pode acreditar que a mera difusão de seus benefícios "possa resolver todos os urgentes problemas de pobreza e de subdesenvolvimento que ainda insidiam tantos países do planeta" (CDS 474).

O apelo envolve também os empresários e responsáveis por organismos públicos que se dedicam à pesquisa, à produção e à comercialização de produtos derivados das novas tecnologias, que "devem ter em conta não só o legítimo lucro, mas também o bem comum" (CDS 478).

Devemos "considerar a importância de uma 'política sã' para olharmos o nosso futuro com esperança e confiança".[6] Portanto, "os políticos, os legisladores e os administradores públicos têm a responsabilidade de avaliar as potencialidades, as vantagens e os eventuais riscos" dessas novas tecnologias e "não é de desejar que as suas decisões, em plano nacional ou internacional, sejam ditadas por pressões provenientes de interesses de parte" (CDS 479).

A ESPERANÇA TEM SEMPRE UM ROSTO HUMANO

Este será o primeiro Jubileu marcado pelo advento dessas novas tecnologias e acontecerá em meio a uma

---

6. FRANCISCO, *Discurso no G7*, Borgo Egnazia, 14 de junho de 2024.

emergência climática como a que estamos atravessando. Todos os dias vemos como a casa comum nos pede para dar um basta ao nosso estilo de vida que força o planeta para além dos seus limites e provoca a erosão dos solos, o desaparecimento dos campos, o avanço dos desertos, a acidificação dos mares e a intensificação das tempestades e de outros fenômenos climáticos intensos.[7] É o grito da Terra que nos chama.

Nas Escrituras, durante o Jubileu, o povo de Deus foi convidado a descansar de seu trabalho habitual, para permitir à Terra se regenerar e ao mundo se reorganizar, graças ao declínio dos consumos habituais. Lembremo-nos das palavras de Deus a Moisés no Monte Sinai: "Será para vós um jubileu: cada um de vós retornará a seu patrimônio, e cada um de vós voltará ao seu clã. O quinquagésimo ano será para vós um ano jubilar: não semeareis, nem ceifareis as espigas que não forem reunidas em feixe, e não vindimareis as cepas que tiverem brotado livremente. O jubileu será para vós coisa santa e comereis o produto dos campos" (Levítico 25,10-12).

Somos chamados a adotar estilos de vida equitativos e sustentáveis que proporcionem à terra o descanso que ela merece, bem como meios de subsistência suficientes para todos, que não destruam os ecossistemas que nos sustentam.

---

7. Cf. FRANCISCO, *Mensagem para a celebração do Dia mundial de oração pelo cuidado da Criação*, 1º de setembro de 2020.

Antes da pandemia já acreditávamos que era necessário "refletir sobre os nossos estilos de vida, verificando como muitas vezes são levianas e danosas as nossas decisões diárias em termos de comida, consumo, deslocação, utilização da água, da energia e de muitos bens materiais".[8] Acrescentemos agora a necessidade de uma reflexão que inclua também o futuro das novas tecnologias e quais decisões tomaremos, como humanidade, para que não sejam incompatíveis com um mundo de fraternidade e de esperança.

Somos chamados a sair da nossa zona de conforto e a propor soluções e alternativas criativas, a fim de que o planeta permaneça habitável e a nossa existência na Terra não esteja em perigo.

Novos problemas exigem novas soluções. Precisamos meditar sobre os dilemas éticos colocados pelo uso onipresente da tecnologia, apelando ao conhecimento integrado para evitar que o paradigma tecnocrático continue a reinar.

Que a dignidade de cada homem e de cada mulher seja nossa preocupação central no momento de construir um futuro do qual ninguém seja excluído. Não se trata mais apenas de garantir a continuidade da espécie humana em um planeta cada vez mais ameaçado, mas de garantir que a vida seja respeitada em todos os momentos. E se não soubemos reagir a tempo à questão

---

8. *Ibid.*

ambiental, podemos, sim, fazê-lo diante da que é percebida como uma das transformações mais profundas da história recente da humanidade: a penetração da IA em todos os âmbitos da nossa vida cotidiana.

Daí a chamada para ser peregrinos de esperança. Eu gosto da imagem do peregrino, "aquele que se descentraliza e assim pode transcender. Ele sai de si mesmo, abre-se a um novo horizonte e, quando volta para casa, não é mais o mesmo, nem sua casa será mais a mesma".[9] Além disso, o caminho do peregrino não é um evento individual, mas comunitário; marca um dinamismo crescente que tende cada vez mais para a cruz, que sempre nos oferece a certeza da presença e a segurança da esperança. "Pôr-se a caminho é típico de quem anda à procura do sentido da vida" (SNC 5).

Lembrem-se do que eu vos disse no começo: a esperança é nossa âncora e nossa vela. Deixemo-nos levar por ela para peregrinarmos em direção à construção daquele mundo mais fraterno que sonhamos, onde a dignidade do ser humano prevaleça sobre toda divisão e esteja em harmonia com a mãe Terra.

Nem sempre a peregrinação da vida navega em águas calmas. Muitas vezes, as experiências pessoais e os eventos mundiais exigem um apelo mais intenso à esperança. No jargão náutico, chama-se justamente de

---

9. FRANCISCO, *Ritorniamo a sognare*, Piemme, Milão 2020, pp. 154-155.

"âncora da esperança" aquilo que alguns barcos mantêm de reserva para realizar manobras de emergência que lhes permitam estabilizar-se durante as tempestades. Com ela entramos "em mar aberto" rumo a um futuro que é desconhecido, mas que nos vê no comando.

Convido mais uma vez todos os homens e mulheres de boa vontade a ser, "entre as ruínas quotidianas do mundo, construtores incansáveis de esperança; ser luz enquanto o sol se obscurece; ser testemunhas de compaixão enquanto ao redor reina a distração; ser amorosos e atentos, na indiferença generalizada".[10]

O reverendo Martin Luther King, fonte inesgotável de inspiração, já afirmava sessenta anos atrás, durante o seu discurso de aceitação pelo Prêmio Nobel, uma grande verdade, ainda atual: nós, seres humanos, conseguimos voar como pássaros, nadar como peixes, mas não viver como irmãos.

Não há tempo a perder. E não há alternativas. Ou construímos o futuro juntos ou não haverá futuro.

Recordo algumas belas palavras de Dom Tonino Bello nos alertando para não nos limitarmos a esperar, mas sim "organizar a esperança". Ele nos pediu para redescobri-la, anunciá-la e construí-la. Estamos todos envolvidos nisso, incluindo a Igreja e os seus membros, porque "sem esperança seríamos administradores,

---

10. FRANCISCO, *Homilia para o V Dia mundial dos pobres*, 14 de novembro de 2021.

equilibristas do presente, não profetas e construtores do futuro".[11]

Somente se a nossa esperança se traduzir em opções e gestos concretos de atenção, fraternidade, justiça, solidariedade e cuidado pela nossa casa comum os pobres poderão ver o seu sofrimento aliviado, a economia do descarte poderá ser transformada e novos sonhos florescerão.

Cabe a todos nós organizar a esperança e traduzi-la na vida concreta do dia a dia, nas relações humanas, na ligação com o planeta, no compromisso social e político.

Vós me acompanhais nessa peregrinação?

---

11. FRANCISCO, *Discurso por ocasião da 50ª semana social dos católicos na Itália*, Trieste, 7 de julho de 2024.

Franciscus

NOTA DO ORGANIZADOR

Eu gostaria, antes de tudo, de agradecer ao Papa Francisco pela confiança com que me permitiu ajudá-lo a reunir em um livro sua visão sobre a importância do evento jubilar centrado na esperança e na sua flexão em rostos concretos.

O trabalho contou com a preciosa contribuição da equipe da Edizioni Piemme, em particular da editora Cecilia Mastrogiovanni.

Giuseppe Romano traduziu o texto do original em espanhol para o italiano e cuidou para que os pensamentos e as ideias do papa fossem relatados fielmente.

Ana Clara Pérez Cotten, que ajudou a estruturar o livro, também soube acrescentar profundidade aos conceitos, clareza e limpeza ao texto.

A minha maior gratidão, entretanto, vai a Paula Paz, por sua companhia e seu apoio, todos os dias.